CANU'R CYMRY II

Golygwyd gan/Edited by
PHYLLIS KINNEY
MEREDYDD EVANS

Cyhoeddir gan Gymdeithas Alawon Gwerin Cymru.
Published by the Welsh Folk-Song Society.

ISBN: 0 9510307 9 5

Cyhoeddir gan Gymdeithas Alawon Gwerin Cymru.

Argraffiad cyntaf   1987
Ail argraffiad   1998

Argraffwyd gan Argraffdy Arfon

CYFLWYNIAD

Dyma'r ail gyfrol o dan y pennawd *Canu'r Cymry* a cheisiwyd cadw, yn gyffredinol, at yr un egwyddorion a fu'n sail i'r gyfrol gyntaf. Felly, anelwyd at gynnwys nifer dda o ganeuon nas cyhoeddwyd o'r blaen; o leiaf, <u>ffurfiau</u> ar ganeuon na welsant olau dydd eisoes. Trowyd at ddwy ffynhonnell yn y cyswllt hwn sef llawysgrifau (yn arbennig o Lyfrgell Genedlaethol Cymru a Llyfrgell Amgueddfa Werin Cymru) a chantorion. Hyn sy'n cyfrif am ddeunaw o'r deugain cân sydd i'w cael yn y gyfrol: naw o fysg y llawysgrifau a naw oddi wrth gantorion.

Y ffynhonnell arall gyffredinol oedd y casgliadau o ganeuon a gyhoeddwyd yn barod a chafwyd dwy ar hugain o ganeuon o'r fan honno: pedair ar ddeg allan o gyhoeddiadau Cymdeithas Alawon Gwerin Cymru a'r wyth sy'n weddill o gasgliadau argraffedig eraill.

Egwyddor arall a gymhwyswyd oedd cyhoeddi heb gyfeiliannau gan fod y golygyddion yn awyddus i gadw mor agos ag oedd bosibl at y ffurf yr arferid canu'r caneuon hyn ddyddiau a fu.

Ond dichon mai'r egwyddor bwysicaf i'w chadw mewn golwg oedd yr angen am gyfrol o ganeuon gwerin y gellid eu defnyddio i'w canu mewn sawl lle ac ar sawl amgylchiad. Cyfrol i gantorion yw hon, yn bennaf: nid cantorion eisteddfod, neu gyngerdd, neu raglen radio/deledu, neu record, yn benodol felly, ond cantorion sydd am ganu'r caneuon pryd bynnag y daw cyfle ac awydd i'w canu. Gallai hynny fod mewn eisteddfod, cyngerdd, neu stiwdio, bid siwr, ond gallai fod hefyd ar aelwyd, mewn tafarn, ar fws, yn yr ysgol, a llu o fannau tebyg.

Ceisiwyd gofalu felly ein bod yn cyhoeddi caneuon gyda mwy nag un pennill ar eu cyfer ond, ar brydiau, digwyddai alaw fod wedi goroesi gyda dim ond pennill neu ddarn o bennill ynghlwm wrthi: o ganlyniad roedd yn rhaid chwilio am eiriau addas ar ei chyfer. Hyd yr oedd hynny'n bosibl ceisiodd y golygyddion loffa ymysg penillion traddodiadol a gydag un eithriad bu'r lloffa yn llwyddiannus. Bu peth golygu ar eiriau yma ac acw ond gwnaed hynny'n bennaf er mwyn ceisio safoni orgraff. Dylid ychwanegu bod ambell i bennill yn waith beirdd-wrth-eu-swydd, fel 'tae, ond gofalwyd nodi'r rheiny yn y nodiadau cefndirol sydd i'w cael yn rhan olaf y gyfrol.

Diolch i'r canlynol am eu caniatâd parod i ddefnyddio cynnyrch y perthyn yr hawlfraint arno iddynt hwy:

1. Y Fonesig Parry-Williams: *Hen Benillion*, gol. T.H. Parry-Williams, (Gwasg Aberystwyth, 1940).
2. *Forty Welsh Traditional Tunes* (Oxford University Press, London, 1931).
   (a) Rhybudd i'r Carwr
   (b) Cerdd Dy' Calan: pennill 2.

Carai'r Gymdeithas ddiolch yn fawr, hefyd, am bob cymorth a gafwyd oddi wrth staff Llyfrgell Genedlaethol Cymru, Amgueddfa Werin Cymru, y Cyngor Llyfrau Cymraeg a Ffederasiwn Cerddoriaeth Amatur Cymru.

INTRODUCTION

This second volume of *Canu'r Cymry* is based on the same general principles as the first. One aim has been to include a goodly number of songs never before published; at least, not in the specific form in which they appear here. The editors have drawn on two sources in this context, namely, manuscripts (particularly those contained in the National Library of Wales and the Archives of the Welsh Folk Musuem) and singers. This accounts for eighteen of the forty songs printed here: nine from singers and nine from manuscripts. Twenty-two songs have previously appeared in print: fourteen in various publications of the Welsh Folk-Song Society and the remaining eight have been taken from other printed collections.

As in Volume I no arrangements or accompaniments have been provided since the editors were anxious to publish the songs in a form as near as possible to the way in which they were originally presented.

The principal aim has been to provide a book for singers: not, specifically, singers in eisteddfodau, concerts, radio/television programmes and recording studios but singers who wish to sing these songs whenever they feel like it and the opportunity presents itself. This could be, of course, at an eisteddfod, in a concert or studio; it could also be in the home, in a pub, on a bus, in school, in all sorts of places.

Many of the songs were originally noted with the melody and one verse only of the words: in the case of a melody which has come down to us with one verse, or a verse fragment, the editors have tried to fill it out with traditional material. Only one song required a verse to be composed especially for it; the remaining additional verses are all from traditional sources. There has been some editing of words but this has been done mainly in the interest of standard orthography. Occasionally a song was collected which included verses which were composed by acknowledged poets; the editors have carefully noted this in the relevant background notes.

Thanks are due to the following for permission to use material over which they hold copyright:
1. Lady Parry-Williams:
   Hen Benillion, ed. T.H. Parry-Williams, (Gwasg Aberystwyth, 1940).
2. *Forty Welsh Traditional Tunes* (Oxford University Press, London, 1931).
   (a) Rhybudd i'r Carwr
   (b) Cerdd Dy' Calan: verse 2.

The Folk-Song Society is grateful also for all assistance given the editors by staff members of the National Library of Wales, the Welsh Folk Musuem, the Welsh Books Council and the Welsh Amateur Music Federation.

CYNNWYS/CONTENTS

1. Ambell i gân 6
2. Ar fore dydd Nadolig 7
3. Ar y bryn mae caseg felen 8
4. Ar y ffordd wrth fynd i Rymni 9
5. Awn i Fethlem 10
6. Cainc y Fflemynes 11
7. Cainc yr aradwr 12
8. Calennig 13
9. Cân y Cardi 14
10. Carol y Blwch 15
11. Cerdd-wefus
    (a) Chwarter tôn 16
    (b) Di didl lan 16
12. Clywch, clywch 17
13. Cobler coch o Hengoed 18
14. Dwy bleth o'i gwallt melyngoch 19
15. 'Ddaw hi ddim 20
16. Ffair Henfeddau 22
17. Ffoles Llantrisant 23
18. Lloer dirion lliw'r dydd 24
19. Mwynen merch 26
20. 'Oes yn y tŷ 'ma? 27
21. Pa le mae 'nghariad i? 28
22. Pan own y gwanwyn 29
23. Philomela 30
24. Rhodio roeddwn inna 31
25. Rhybudd i'r carwr 32
26. Sianti Gymraeg 33
27. Wil a'i fam 34
28. Y deryn du pigfelyn 36
29. Y ddau farch 37
30. Y gwydr glas 38
31. Y mwya' gâr fy nghalon 39
32. Y twca du bach 40
33. Y wasgod goch 41
34. Yn y môr 43
35. Yr hen fyharan 45
36. Yr hen ŵr mwyn 46
37. Yr hosan las 47
38. Yr wyddor-gân 48
39. Yr wylan gefnddu 50

1. Ambell i gân

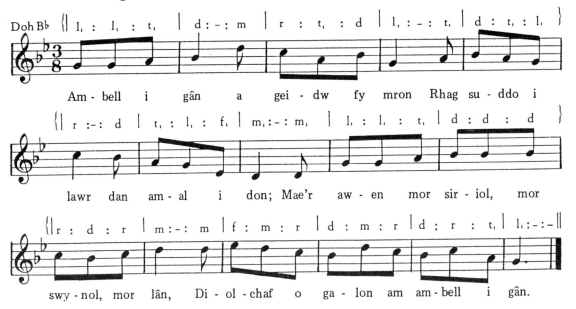

Ambell i gân dry dwllwch y nos
Mor olau â'r dydd, mor siriol â'r rhos;
Caddugol anobaith gymylau — fel gwlân
Y troant, os gallaf gael ambell i gân.

Ambell i gân rydd nerth yn y fraich
A'r ysgwydd i gario amal i faich;
A grym anawsterau falurir yn lân
Os gallaf gael canu ambell i gân.

Ambell i gân a gaf yn y byd,
Ond teithiaf i wlad fydd yn ganu i gyd,
Ac wedi im' adael yr anial yn lân
Gobeithiaf gael canu, nid ambell i gân.

2. Ar fore dydd Nadolig

Dros euog ddyn fe'i lladdwyd
Ac mewn bedd gwag fe'i dodwyd
Ar ôl y gair 'Gorffennwyd';
Ond daeth yn rhydd
Y trydydd dydd
O'r beddrod prudd, drosom ni.
O Geidwad aned,
Fe wawriodd arnom ddydd.

O rasol Fair Forwynig,
Mam Ceidwad bendigedig,
Yr Iesu dyrchafedig;
Ger gorsedd nef
Eiriola'n gref
A chwyd dy lef drosom ni.
O Geidwad aned,
Fe wawriodd arnom ddydd.

3. Ar y bryn mae caseg felen

O na chawn i bâr o adenydd, Twdl ymdi rai...
Hedfan wnawn i pan fo'r awydd, Twdl ymdi rai...

O na bawn i fel yr wylan, Twdl ymdi rai...
Hedfan wnawn i'r môr fy hunan, Twdl ymdi rai...

Fe fyddwn rydd fel hydd i hedeg, Twdl ymdi rai...
Ond yn y shafftie mae y gaseg, Twdl ymdi rai...

Ond 'waeth imi heb â siarad, Twdl ymdi rai...
Rhaid im' aros hefo'r arad, Twdl ymdi rai...

4. Ar y ffordd wrth fynd i Rymni

Ar y ffordd wrth fynd i Henllan, Very...
Cyfarfûm â bachgen bychan; Very...
Ac wrth im' ag ef ymgomio, Very...
Bachgen oedd â bechgyn iddo. Victoria...

Mi fûm gynt yn caru Saesnes, Very...
Cloben felen fawr anghynnes, Very...
Ond pan soniai am briodi — Very...
'No indeed I will not marry!'. Victoria...

Dacw 'nghariad ar y dyffryn, Very...
Llygad hwch a dannedd mochyn, Very...
A dau droed fel gwadan arad', Very...
Fel tylluan y mae hi'n siarad. Victoria...

5. Awn i Fethlem

Awn i Fethlem i gael gweled
Mair, â Mab Duw ar ei harffed;
Mair yn dala rhwng ei dwylo
Y Mab sy'n cadw'r byd rhag cwympo.

Awn i Fethlem bawb i weled
Y dull, a'r modd, a'r man y'i ganed,
Fel y gallom ei addoli
A'i gydnabod wedi'i eni.

Ni gawn seren i'n goleuo,
Ac yn serchog i'n cyf'rwyddo,
Nes y dyco hon ni'n gymwys
I'r lle sanctaidd lle mae'n gorffwys.

Mae'r angylion yn llawenu,
Mae'r ffurfafen yn tywynnu,
Mae llu'r nef yn canu hymnau;
Caned dynion rywbeth, hwythau.

Awn i weled y Messias,
Prynwr cred, ein hedd a'n hurddas,
Unig Geidwad ein heneidiau
Ar fraich Mair yn sugno bronnau.

6. Cainc y Fflemynes

Daeth rhyw 'tifedd gwych i'm canlyn
Ac am briodi ers mwy na blwyddyn;
Pawb o'm ffrins yn fodlon iddo,
Ond gwell o'r ddau gen i fod hebddo;
Wêli, wêli, dyma'r gwir...

Fe ddaeth y 'tifedd gwych a'i bobol
A'm ffrins i gyd, â mi i'r canol,
A chwedi i mi ddiflas addo
Dechreue'r 'tifedd gwych i gilio:
Wêli, wêli, dyma'r gwir...

Mi bryna' i siwt o'r brethyn gorau
A chwe dwsin o fotymau,
Ac mi wisga 'mab mor laned
Ag un mab erioed a aned:
Wêli, wêli, dyma'r gwir, beth dâl im' wadu?
Mi ges yr unig fab rwy'n garu.

*fêns = 'means' (S)

7. Cainc yr aradwr

Fe gwn yr haul, fe gwn y lleuad,
Fe gwn y môr yn donnau irad,
Fe gwn y gwynt yn uchel ddigon:
Ni chwn yr hiraeth byth o 'nghalon. Ho! da 'machgen i...

Fe gwn yr haul pan ddêl boreddydd,
Fe gwn y tarth oddi ar y dolydd,
Fe gwn y gwlith oddi ar y meillion:
Gwae fi, pa bryd y cwn fy nghalon? Ho! da 'machgen i...

Mi wn am ferch yn Sir Forgannwg,
Yn deg ei thwf, yn hardd ei golwg,
A'i gwallt modrwyog, bronnau gwynion,
A düwch uffern yn ei chalon. Ho! da 'machgen i...

8. Calennig

Toc o fara barlys
A gaing o'r cosyn coch,
Os hyn a gaf i gennych
Yn hir yn byw y boch;
Ac os y rhowch galennig
Heblaw yr aing a'r toc,
Y penna' peth a garwn
Yw ceiniog yn fy mhoc.

Dydd Calan cynta'r flwyddyn
Rwy'n dyfod ar eich traws
I 'mofyn am y geiniog,
Neu glwt o fara a chaws;
Edrychwch arna' i'n siriol,
'Newidiwch ddim o'ch gwedd,
Cyn daw Dydd Calan nesaf
Bydd llawar yn y bedd.

9. Cân y Cardi

Rwy'n lwm-pyn mawr o Gar-di Yn new-ydd ddod o'r wlad, Yn ga-ffar a cha tal-can, Yn en-nill mwy na 'nhad: Ce-red y byd i'r sawl a fyn-no A fin-na'n llaw-an iach: Llym-aid nawr ac yn y man O gw-rw me-lyn bach.

Mae gen i fwyall notid,
Ond bod 'i min hi'n dwp,
A *sledge* a mandral gwilod
A phedwar mandral cwt:
Cered y byd i'r sawl a fynno...

Rwy'n gallu cwto'n gwmws,
Rwy'n gallu cwto'n gam,
Rwy'n gallu holo tano
A llanw petar dram!
Cered y byd i'r sawl a fynno...

Rwyf inna yn hen goliar
Yn dod tsha thre mor ddu —
Yn iwso c'mint o sepon
A gariff gwraig y tŷ!
Cered y byd i'r sawl a fynno...

Rwy'n ennill shaw o arian
A'r rheini i gyd yn stôr,
A phan ddaw mis y fala
Rwy'n mynd tsha dŵr y môr:
Cered y byd i'r sawl a fynno...

10. Carol y Blwch

Arweiniwyd rhyw seren uwch Bethlem a'i phyrth
I ddangos i'r doethion arwyddion o wyrth;
O Gabriel, O Gabriel, rhaid dangos y tlws,
O dos â'r bugeiliaid i ymyl y drws.

Rho gân i'r cantorion, a chana dy hun:
Gogoniant i'r nefoedd, tangnefedd i ddyn:
Caed prif nod y nefoedd, Duw diddig, Duw da,
Rhodd Flwch Aur Nadolig yn glennig i gla'.

Mae'n Flwch o gerf dwyfol, tragwyddol i gyd,
Blwch llawn o drysorau, aur berlau, i'r byd;
Blwch da o lwch dynol, rhyfeddol ei faint,
Blwch dyfais y Duwdod, yn syndod i'r saint.

Fe redodd bendithion, 'nôl agor y Blwch,
O'i fynwes i ddynion, rai llymion y llwch,
I dair mil o lestri fe redodd mor rydd
Nes llanwyd y cyfan cyn hanner y dydd.

Blwch lanwodd gostrelau Manasse a Saul,
Blwch llawn o rinweddau i ninnau sy'n ôl;
Er cymaint a lifa i ddynion o'i ddawn,
Fel hyn y cyhoeddir: 'Mae'r Blwch hwn yn llawn'.

11. Cerdd-wefus

(A) CHWARTER TÔN

(B) DI DIDL LAN

12. Clywch, clywch

Clywch, clywch, newyddion borau Ddaeth o'r nef, ddaeth o'r nef, Mab uchel i'r cadachau Ddaeth o'r nef; Bydd lawen iawn Ferch Seion, Yn fore gwisg dy goron, Dy Frenin doeth o galon Ddaeth o'r nef, ddaeth o'r nef, Par dynwr meibion dynion ddaeth o'r nef.

I lawr tywynnodd golau,
Dyma'r dydd, dyma'r dydd,
Ar fro a chysgod angau,
Dyma'r dydd;
Y Gair oedd o'r dechreuad,
Diddechrau, diddiweddiad,
Ef ydyw'r atgyfodiad,
Dyma'r dydd, dyma'r dydd,
Daeth inni'n gadarn Geidwad,
Dyma'r dydd.

Mae sain yr utgorn arian,
Awn ymlaen, awn ymlaen,
Yn uchel alw i'r winllan,
Awn ymlaen;
Mae gwledd gan Frenin Seion,
A'i fwrdd yn llawn danteithion
O basgedigion breision,
Awn ymlaen, awn ymlaen,
A gwin i'r trwm eu calon,
Awn ymlaen.

13. Cobler coch o Hengoed

Y cobler coch o Ruddlan
A aeth i foddi cath,
Mewn cwd o lian newydd
Nad oedd o damed gwaeth;
Y cwd aeth hefo'r afon,
Y gath a ddaeth i'r lan,
Ow'r cobler coch o Ruddlan,
On'd oedd o'n foddwr gwan?

Pan eis i gynta i garu
Nid own ond bachgen bach,
Yn methu cyrraedd cusan
Heb fynd i ben stôl fach;
Pan es i garu wedyn
Yr own yn fachgen mawr,
Yn gallu cyrraedd cusan
A 'nwy droed ar y llawr.

Pan oeddwn yn ferch ifanc
Ac yn fy ffedog wen,
Yn gwisgo'm cnotyn sidan
Yn uchel ar fy mhen,
Mi neidiwn gainc yn wisgi,
Mi ddaliwn 'nghorff yn syth,
Meddyliais y pryd hynny —
"'Ddaw henaint ata' i byth."

14. Dwy bleth o'i gwallt melyngoch

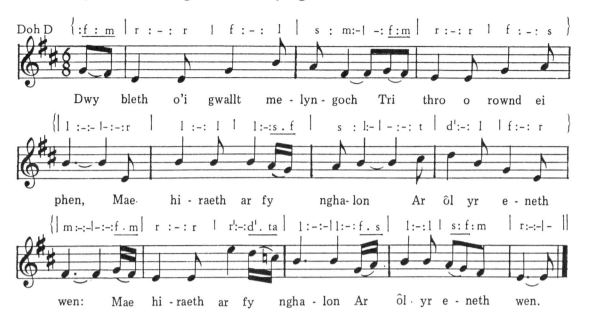

Ffarwél i'r merched mwynion,
Ffarwél i ddrws y plas;
Ffarwél i borth y fynwent,
Ffarwél i'r garreg las;
Ffarwél i borth y fynwent,
Ffarwél i'r garreg las.

Ffarwél i dref Llanddewi,
Ffarwél i'r Eglwys Wen;
Ffarwél i'r clochdy uchel
A'r ceiliog ar ei ben:
Ffarwél i'r clochdy uchel
A'r ceiliog ar ei ben.

15. 'Ddaw hi ddim

(Siarad:) Wel, meddwn i, fe caet nhw â chroeso, ond gan fod pobol yn siarad fel y maen' nhw amdanat ti, rwy' braidd â meddwl na - - -

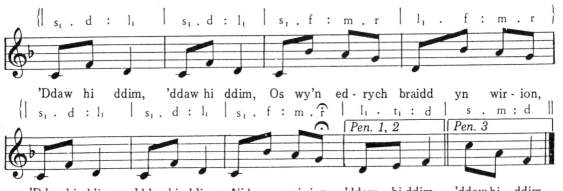

Fe fuom i ers blwydd neu ddwy
Ar bwynt priodi un,
Cyn mynd at allor llan y plwy
Fel hyn gofynnai'r fun;
'Mae gennyf fam a phedair chwaer
Sy'n annwyl iawn i mi,
A gaiff y rhain, trwy fegio'n daer,
Gydfyw ar ein heiddo ni?'

Siarad:
Wel, meddwn i, rydw i'n siwr fod byw hefo'ch teulu-yng-nghyfraith yn beth nobl iawn; ac mi wn i na ddylai pawb fyw hefo'i fam-yng-nghyfraith. Ond dan yr amgylchiadau presennol rwy' braidd â meddwl na —

'Ddaw hi ddim, 'ddaw hi ddim...

Dywedodd cyfaill wrthyf fi
Fod ganddo hanes merch
A wnâi y tro i'r dim i mi
I fod yn wrthrych serch,
Gwraig weddw oedd, yn berchen stôr
O bopeth, heb ddim plant,
Roedd ganddi arian lond dwy ddrôr,
Ac yn ddim ond hanner cant.

Siarad:
Digon o bres ddeudist ti? Da iawn. Dim plant? Gwell fyth. Ond yr hen hanner-cant yna! Mae'n hen. Na, rwy' braidd â meddwl na —

'Ddaw hi ddim, 'ddaw hi ddim...

16. Ffair Henfeddau

Mi fwydais i'r hen gaseg
Â dŵr a cheirch a bran
Nes aeth yr hen greadur
I ffaelu symud cam: Ffal di do...

Ymhen pythefnos wedyn
Yn llawn o geirch a bran,
Fe gwympodd yn yr harnes,
A thrigodd yn y man: Ffal di do...

Fe ddaeth y brain a'r piod
I ofyn pris y cig;
Dywedodd 'r hen frân fwyaf:
'Mae 'na ddigon inni 'gyd': Ffal di do...

Fe ddaeth y curyll heibio
A'i fflapyn, mwy nag un;
Fe gymrodd dalpyn smala
Heb ofyn i un dyn: Ffal di do...

17. Ffoles Llantrisant

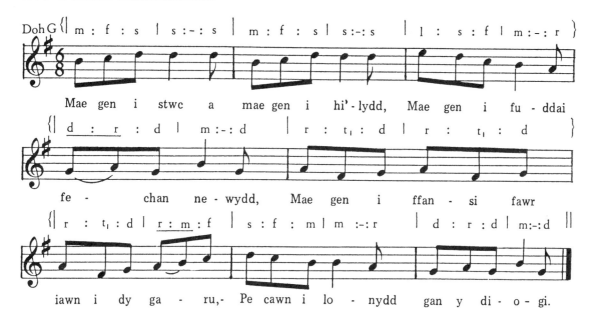

Mae gen i iâr a mae gen i geiliog,
Mae gen i gywan felan fochog,
Mae gen i ffansi fawr iawn i dy garu,
Pe cawn i lonydd gan y diogi.

18. Lloer dirion lliw'r dydd

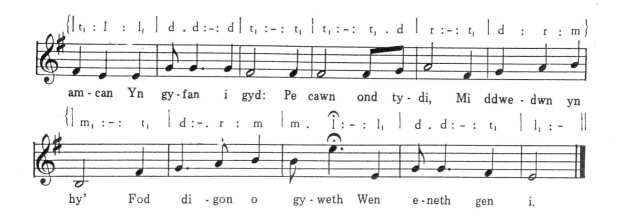

Lloer dirion, lliw'r dydd,
Dy olau di welaf
Yr hygar ei grudd;
O'r bywyd i'r bedd,
Ti yw fy mrenhines
Gain, gynnes ei gwedd;
Tydi ydyw tân
Ysbrydoliaeth fy nghân,
Ni fedd y ffurfafen
Trwy olau tro heulwen
Un loerwen mor lân:
Cyfodaf fy mhen,
Eiddunaf i'r nen,
Tywynna di arna'
Liw'r eira, loer wen:
Ar leuad mae rhai
Yn rhoddi y bai
Am atynnu dwfn eigion
Y moroedd mawr meirwon
I lanw a thrai;
Ond ti'r lân ei grudd
Yn tynnu y sydd
Linynnau fy nghalon,
Loer dirion, liw'r dydd.

19. Mwynen merch

Wrth weled, o laned dy lun,
Hardd wiwlan, win forwyn, wen ferch,
Cynhyrfodd a hedodd ei hun,
Fel deryn 'fwy sydyn, fy serch;
Dy rodiad, pêr syniad, pur sydd
A'th gynnydd i'n gwledydd yn glod:
A minne sy'n diodde bob dydd;
Dyn gwastad dan gystudd
'Ran benyw rwy' beunydd yn bod,
Yn tramwy'n ofnadwy fy nod.

Wel, dianged, eheded am hyn
Y Byd a'i awch freulun, wych fri,
A'i sorod, lliw manod, lle y myn —
Dy gorffyn glân mwynlun i mi;
Ymglymwn, darparwn yn bur
Trwy gysur mwyn brysur mewn bri,
Mewn cariad didoriad fel dur,
A difyr â'i d'ofyn,
Mae'th gorffyn mwyn, dichlyn, main di
Mwy hyfryd na 'mywyd i mi.

20. 'Oes yn y tŷ 'ma?

Wel, oes, mae yma win i werth,
Mae yn y tŷ 'ma frandi,
Mae yn y tŷ 'ma lodes lân
Mor swît â siwgwr candi.

Rhowch i mi beth o'r gwin i werth,
Rhowch i mi beth o'r brandi,
Rhowch i mi weld y lodes lân
Mor swît â siwgwr candi.

Wel, dyma fo y gwin i werth,
Wel, dyma fo y brandi,
Wel, dyma hi y lodes lân
Mor swît â siwgwr candi.

Wel, faint yw pris y gwin i werth?
Wel, faint yw pris y brandi?
Wel, faint yw pris y lodes lân
Mor swît â siwgwr candi?

Swllt yw pris y gwin i werth,
Swllt yw pris y brandi,
A rhyngoch chi a'r lodes lân
Sy'n swît fel siwgwr candi.

21. Pa le mae 'nghariad i?

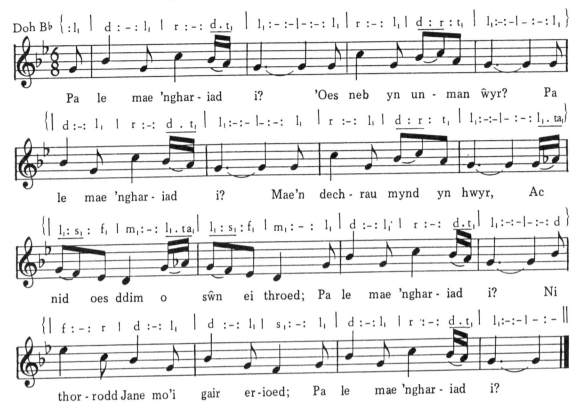

Pa le mae 'nghariad i?
'Does neb wrth gamfa'r ardd,
Paham yr oeda hi —
Fy nghariad hoyw, hardd;
Drwy'r ffenestr gul mi wela'i mam
A theulu 'nghariad i,
A hithau'n cysgu'n drwm, ddi-nam:
O deffro 'nghariad i.

Ai hon yw 'nghariad i?
Paham mae pawb yn brudd
Uwchben fy nghariad i,
A'r dagrau ar bob grudd?
Dy lygaid syn a'th welw wedd,
B'le'r ei di, 'nghariad i?
Dof gyda thi hyd lan dy fedd —
Ffarwél fy nghariad i.

22. Pan own y gwanwyn

Aeth pob gofalon o fy nghalon
Yn sŵn y seiniau mwyna` 'rioed,
A pheidiodd trydar mân yr adar
Wrth wrando'r caniad dan y coed;
Es draw i'r goedfron at fy ngwenfron,
Rhois fy llaw i'r lana'i lliw,
A thyngais lwon y byddwn ffyddlon
I'r fenws fwyn tra byddwn byw.

23. Philomela

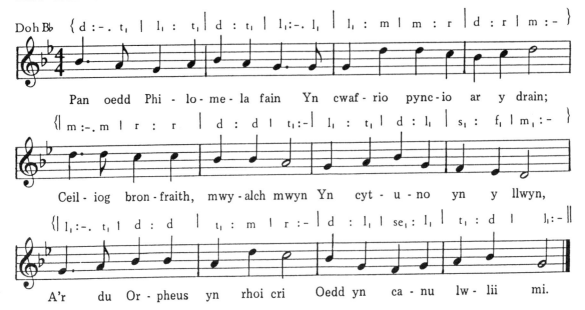

Pan roes Titan lewych llawn
I oleuo brigau'r gwawn,
Ciliai Phoebus i gysgod gwŷdd,
Gwawrio'n deg a glasu'r dydd,
A thrydar adar yn y coed
A'r mesurau mwyna' erioed.

24. Rhodio roeddwn inna

Mi gwrddais â llanc ifanc
A merch yn ei law
Yng nghysgod y gangen
Yn 'mochal y glaw.

Gofynnais inna iddynt:
'Be' 'chi'n neud yma'ch dau
A hithau ddim yn amser
I hela y cy-náu?'

A chyn pen y nawmis
Clafychodd y ferch,
Fe oerodd ei chalon
A rhewodd ei serch.

25. Rhybudd i'r carwr

Y llong a aeth o'r porthladd
Heb gapten ar y bwrdd,
Am hyn mae'n edifar gen i;
Y gwynt o'r gorwel chwyth,
A'r frân sydd ar y nyth,
Ac felly nid oes lun i chi gael lle:
Ac felly nid oes lun i chi gael lle.

26. Sianti Gymraeg

Roedd arni un ar bymtheg
O Gymry oll i gyd
Yn hwylio o afon Menai
I deithio'r Newydd Fyd:
So, Happy we are all, my boys...

Y gwynt a ddaeth i chwythu
Yn ffafriol ar ein rhan,
Gadawsom Ynys Seiriol,
A'r peilat aeth i'r lan:
So, Happy we are all, my boys...

Aeth heibio pen Caergybi
I lawr i'r culfor cas,
Diflannodd bryniau Cymru
A thir Iwerddon las:
So, Happy we are all, my boys...

Cawn bwdin reis dy' Sadwrn
Nes byddwn bron yn ddall —
Syrthio i lawr y fforcias,
Naill ar ôl y llall:
So, Happy we are all, my boys...

27. Wil a'i fam

Wil, dwed yn awr, a ydyw hi,
A wyddost hyn, yn gweddu i ti?
Mor weddaidd, deg yw hon, o daw
Â'r faneg ledr fwyn i'r llaw:
O uchel fri, heb i chi fraw.

Wil, dwed yn ffel, a ydyw'n *ffit*
I fod yn gymwys gymar it'?
Mae'n *ffitio'n* weddaidd fel y wain
Heb goll ar fin y gyllell fain;
Mae'n bur a syw, mwyn beraidd sain.

Wil, mwyn a gweddol, myneg' im',
A ŵyr hi drin ei bwyd yn drim?
Hi gogia'r ŵydd neu gig ar go'dd,
Hi 'trinia'n rhwydd, hi 'rhanna'n rhodd;
Yn wir, fy mam, mae wrth fy modd.

Wil, 'ydyw'n syw, heb fod yn sur?
A wnaiff hi ei bara'n hoff, a'i bîr?
Gwnaiff yn siwr, a phob ryw saig,
Ni ddisgwyl ogan un 'sgolhaig;
Nac amau hi'n rhagor imi'n wraig.

Wil, 'gei di sucan gyda hi'n swc
Yno, os digwydd lonaid stwc;
Hi weithia'r blawd o waetha'r blew,
Naws iraidd lwyr fy seren lew;
Mae'n swcwr tu mewn sucan tew.

Wil, 'fâl hi'r gwenith yn ddi-goll?
A ydyw'n deall codi'r doll?
O dan y meini dyna'r man
Hi daen y cwd, hi dyn y can;
O fawl a bri hi fâl y bran.

Wil, 'gei di leiniau gyda hi'n lân?
A smwdda hi'th grys nes meddu'r gra'n?
Hi 'golch hwy'n llwyr fel calch eu lliw,
Hi 'tro hwy'n *blêts* a'u trin â *bliw*,
A'u cannu'n wyn wna'm cangen syw.

A daen hi'th wely'n dyner, Wil?
A ddaw i'th gôl yn ddiwrthgil?
Taen yn lluniaidd, tyn y llen,
Glwysteg wiw, a'r glustog wen;
Â'i dwylo meinion deil fy mhen.

Nac oeda 'mab, ond dwed i mi
A fedri nawr ei hoedran hi?
Tri chwech, tri saith, tri ugain teg,
Mi a'i gwn yn dda, ac unarddeg —
A dweud yn frau y gwir di-freg.

Wil, 'ydyw'n glau ar droed yn glir,
Mewn gallu dewr, heb golli ar dir?
Mae fel yr ewig ffrolig, ffri
'Fai'n rhwygo'r caeau rhag y ci:
Mae'n gado'i mam, daw gyda mi.

28. Y deryn du pigfelyn

Os wyt yn gwrthod gobaith
Fe wywa'r galon fwyn,
Fe dderfydd chwarae'r hawddfyd
Fu gynt fel tes ar dwyn;
Ymhell o'th ffyrdd a'u blodau fyrdd
Rhaid troi ar ymdaith hir,
A'r lleoedd a'm hadwaenent gynt
Ni'm gwelant mwy ar dir.

Y deryn du pigfelyn
A hedi drosto i'n dal
I dŷ Henri Roberts
A disgyn ar y wal?
A dwed wrth Mari Wiliam
Am beidio bod mor ffôl
I garu Edward Morgan
A gadael Siôn ar ôl.

29. Y ddau farch

Dywedai y cel gwanna', Ffal-di ral-di lam tam, ffal-di ral-di ro,
Nawr wrth y ceffyl cryfa',
'Fe fûm i undydd yn fy mharch,
Yn fy mharch, di ral-di ral-di ro,
Yn gystal march â thitha.

'Pan es yn hen glyhercyn, Ffal-di ral-di lam tam, ffal-di ral-di ro,
Ces gario ŷd i'r felin,
A beth ddigwyddodd i fy rhan,
I fy rhan, di ral-di ral-di ro,
Ond gogred gwan o eisin.

'Tynasant fy mhedole, Ffal-di ral-di lam tam, ffal-di ral-di ro,
Gyrasant fi i'r mynydde,,
A thra bo anadl yn fy ffroen,
Yn fy ffroen, di ral-di ral-di ro,
Ni ddeuaf byth tuag adre!'

30. Y gwydr glas

Fy nghalon sydd cyn drymed, sydd cyn drymed
Â'r march sy'n dringo'r rhiw;
Wrth geisio bod yn llawen, bod yn llawen,
Ni fedrwn yn fy myw;
Yr esgid yn fy ngwasgu
Mewn lle nas gwyddoch chi,
A llawer gofid meddwl, gofid meddwl
Sy'n torri 'nghalon i.

Pe meddwn edyn eryr, edyn eryr,
Mi fyddwn llawer gwell
I hedeg at fy nghariad, at fy nghariad
Sydd yn y gwledydd pell;
Dros diroedd maith a moroedd,
Gobeithio'i fod o'n iach —
Rwy'n caru'r tir lle cerddodd, tir lle cerddodd
O wraidd fy nghalon bach.

31. Y mwya' gâr fy nghalon

Os bûm i'n ffôl y llynedd,
Mi fyddaf 'leni'n gall;
Mi fynnaf gariad newydd
A chan ffarwél i'r llall;
Ni fynnwn am fy mywyd
Ymrwymo gyda merch,
Os na bydd drwy ei heinioes
Yn unplyg yn ei serch.

Rhaid i fy nghariad nesaf
Fod yn un landeg ffri,
Yn ddidwyll ac yn ffyddlon,
Yn union fel rwyf fi;
Mi drois y ddalen olaf
I fyw yn fachgen ffôl,
Ond trof y ddalen nesaf
Yn fachgen call yn ôl.

32. Y twca du bach

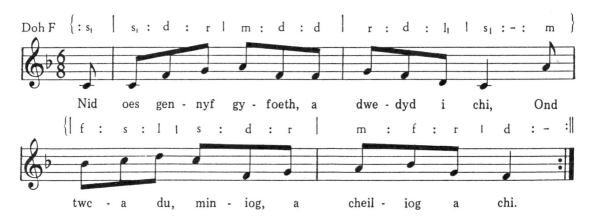

Agoraf y rhagddor ac allan â'r ci
I hela cwningen cyn brecwast i mi,
A'r ceiliog a gân eto'i hun 'n union deg
Cyn dychwel y ci ag un braf yn ei geg,
A minnau'n ei hagor heb ragor o strach
A'i blingo reit handi â'm twca du bach.

Rêl gêm ydi'r ceiliog, pencampwr y fro,
Pan wêl ef y talwrn mae'n ffyrnig o'i go';
Sawl peint a sawl sylltyn enillodd i mi,
A sawl tamaid ffrïo a gafodd y ci;
Am hyn rwy'n ei drwsio yn deilwng o'i ach
A thrimio'i grib fflamgoch â'm twca du bach.

Nid oes gennyf gyfoeth, hen botsiar wyf fi
Efo twca du, miniog, a cheiliog a chi;
Ond 'lwgwn ni ddim, os daw sgwarnog i'r rhwyd
A'r ceiliog yn canu, cyn glasu, o'i glwyd,
Ac os bydd rhyw gipar am agor fy sach
Mi heriwn i hwnnw â'm twca du bach.

33. Y wasgod goch

Rhoth imi glôs o felfat lowddu
A leinin gwyn i gofio amdani;
Rhoth imi gôt liw du o'r pandy
A chrys yn frith i lwyr alaru.
Di-rei-di-rei...

A gwasgod goch o doriad calon
A'i botyma i gyd o ddagrau heilltion;
Rhoth imi het garlein wedi ei thrimio â mwynder
A ffon o gollen ffeind o ffárwel.
Di-rei-di-rei...

Rhoth imi gadach sidan gwyrddlas
A llun ei harch oedd arno'n fflowars;
Rhoth imi sane o wlân crydeddig
Ac wedi eu gweu â saethau'r Ciwbig.
Di-rei-di-rei...

A sgidia o blwm â dur yn fyclau,
Wel, byth 'r anghofia i'r trymder oedd arna-i:
Wel, dyna'r siwt i gyd i fyny
Ond fod eisiau'i gwisgo i fynd i'w chladdu.
Di-rei-di-rei...

Tra bo llong yn mynd i'r 'Werddon,
A thra bo castell yng Nghaernarfon,
A thra bo dŵr oddeutu Amlwch,
Wel, byth 'r anghofia i ei harddwch.
Di-rei-di-rei...

Trafaeliais i trwy Gymru a Lloeger
Ac mi welais ferched lawer,
Ond ni fûm nes i dorri'm calon
Nag ar ôl merch gŵr o Bantyffynnon.
Di-rei-di-rei,
Ffol di-ri-di-ri-di-ri-di-rei, di-rei, di-rei-di-ho.

Di-rei-di-rei-di-ho
Di-rei-di-rei-di-ho, rei-di-ho.

34. Yn y môr

Du erchyll fro marwolaeth
   Yw y môr, yw y môr;
A mynwent fawr dynoliaeth
   Yw y môr;
Er maint y celaneddau
Sy'n gorwedd dan ei donnau,
Ni welir cofgolofnau
   Yn y môr, yn y môr;
I nodi'r dyfrllyd feddau
   Yn y môr.

Pa le mae Cantre'r Gwaelod?
   Yn y môr, yn y môr;
A'i gwŷr yn pesgi'r pysgod
   Yn y môr;
Ei heirdd balasau mawrion
Feddiennir gan bysg brithion,
Heb rent nag un gofynion,
   Yn y môr, yn y môr;
Ni thalant Dreth y Tlodion
   Yn y môr.

Modrwyau geir gryn lawer
   Yn y môr, yn y môr;
A *Watches Patent Lever*
   Yn y môr;
Peth od nad âi'r oriedydd,
Gan faint yw grym ei awydd,
I godi'r stoc ysblennydd
   Sy'n y môr, sy'n y môr;
Yn gorwedd mor ddiddefnydd
   Yn y môr.

Pa le mae'r Brenin Pharo?
   Yn y môr, yn y môr;
A'i galon wedi mwydo
   Yn y môr;
Ei feirch fu yn carlamu
Ar ôl anwyliaid Iesu,
Mae'u harnis wedi rhydu
   Yn y môr, yn y môr;
A'i fyddin gref yn pydru,
   Yn y môr.

Mae pysgod mawr aruthrol
   Yn y môr, yn y môr;
Yn gwledda ar gnawd dynol,
   Yn y môr;
Mae tuedd yn eu rheibiad
I dd'rysu'r Atgyfodiad,
Trwy falu cyrff mor anfad
   Yn y môr, yn y môr;
A'u cario i bob cyfeiriad
   Yn y môr.

Mae llawer o farilau
   Yn y môr, yn y môr;
O gwrw a gwirodau,
   Yn y môr;
'Chaiff Temlwyr Da ddim profi
O'r pysgod dirifedi
Sy'n nofio'r dyfroedd heli
   Yn y môr, yn y môr —
Maent wedi yfed brandi,
   Yn y môr.

Bu Jonah'r proffwyd hynod,
   Yn y môr, yn y môr;
Mewn carchar am dri diwrnod
   Yn y môr;
Bu'n fwyd i forfil llidiog,
Ond pwysodd ar ei 'stumog,
Daeth arno fwrn a chyfog,
   Yn y môr, yn y môr;
Fe'i chwydodd ar dywodog
   Lan y môr.

35. Yr hen fyharan

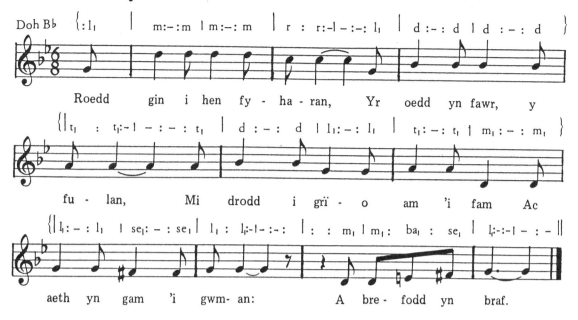

Mae gin i res yn pori
Yng ngweirglodd Gallt-y-Werli,
Ond yn eu bariaeth ddydd a nos
Ar hyd y rhos yn rhesi —
Yn gyfrgoll i gyd.

Mi welais flwch gan Gwenno
A'i lond o snisin ynddo,
Ni fuasai waeth i'r fun ddi-feth
Roi imi beth ohono;
Mi caeodd o'n glep.

Roedd gwraig gan Rhys y Crythwr
Ŵyr hanes pawb a'u cyflwr,
Hi aiff o'r gogledd pell i'r de,
Gwnâi heb ei the a'i swper
I ddilyn y glec.

At orchwyl tŷ'n y bora
Ni chodir hi â chlycha,
Ond pe bai'n ffrae ar hanner dydd,
Twt, yno bydd heb ei sgidia;
'Gael cyfran o'r glec.

Un iaith oedd Sian yn wybod,
Ond hyn, on'd yw'n beth hynod?
'Doedd iaith 'n y byd na ddeallai hi
Os byddai yno'n trafod
Materion y glec.

36. Yr hen ŵr mwyn

Be' gest ti i swper, yr hen ŵr mwyn,
Mwyn, mwyn, y mwyna'n fyw?
Dipyn o fara triog, ffi-di rol, ffi-di roi,
Dipyn o fara triog, ffi-di rol, ffi-di roi.

Beth os gwnei di farw...?
Dim ond cael fy nghladdu...

Lle cei di dy gladdu...?
O dan garreg yr aelwyd...

Be' wnei di yn fanno...?
Gwrando ar yr uwd yn berwi...

37. Yr hosan las

Mae llawer am ei charu
Mae llawer am ei charu
Mae llawer am ei charu
Ond 'wna nhw ddim o'r tro.

Be' sy'n bod ar y ffwlied dwlon?
Be' sy'n bod ar y ffwlied dwlon?
Be' sy'n bod ar y ffwlied dwlon?
Rwy'n nabod dau neu dri.

Chwaith gyda mi mae'r allwedd
Chwaith gyda mi mae'r allwedd
Chwaith gyda mi mae'r allwedd
Fu ganwaith yn y clo.

38. Yr wyddor-gân

D, y dylluan â'i dau lygad llym,
DD am y ddaear sy'n crogi ar ddim,
E sydd am Emwnt ac Edward ac Er
Ac F am y fronwen a'i chlust fechan fer: Ffal di ral...

FF am y ffeiffer, y ffidler a'r ffon,
G am y gradell a'r gacen wen, gron,
NG am fy nghefnder, gŵr hynod ei ddull
Ac H sydd am Harri a'i frawd Huwcyn hyll: Ffal di ral...

I sydd am Ismael ac Ithel din-dew,
L sydd am Lucy a'i chwaer Lowri Lew,
Ll am y llyffant, y lleuen a'r llo
Ac M am y mochyn a mul Mal y Go': Ffal di ral...

N sydd am Nansi y lodes fwyn lân,
O sydd am odlau ac odyn ar dân,
P, publicanod, derbynwyr y dreth,
Ac PH — p ac h yn sbelio'r un peth: Ffal di ral...

R sydd am Rondol, a gododd ei fys,
S sydd am Siani ddaeth ato'n ei chrys,
T am y tarw a'r teigar tra blin
Ac TH sydd am Thimbo, ci coch yn ei din: Ffal di ral...

U sydd am urddo Glynceiriog yn fardd,
W am Wil Weflog, gŵr heglog, anhardd,
Y am yr ysbryd roth raw yn nhin Gwen
Yr ysgub a'r ysgol a'r ywen, Amen: Ffal di ral...

39. Yr wylan gefnddu

Pan own i ar fore-ddydd yn rhod-io gy-da'r wawr, Cy-
far-fum wy-lan gefn-ddu ym-gom-iais â hi awr, Gan o-fyn ne-wydd
i-ddi o bob cwr ar y fro Rhwng Y-nys En-lli a'r 'Wer-ddon, Lle
buas-ai hi'n rhoi tro: O gwna dy ran am Eil-o-Man A sbi-a bob rhyw
gafn, A oes pys-got-a 'Nyg-las Neu yn-te yn 'Nar-bi Hafn.

Oddi yno i Fae Llandrillo
Ar chwarter cynta'r trai,
Mi welwn yno benwaig
Yn fesul cant neu ddau,
A'r newydd a anfonais
I'r gŵr a'r awen ffraeth:
Mae'n siwr y ca' i fy nghyflog
A'r penwaig ar y traeth:
O gwna dy ran am Eil-o-Man...

Wel, swydd yr hen bysgotwyr
Fydd trwsio'u rhwydau'r ha',
Os gwnaiff hi stormydd lawer
Bydd *sign* pysgota da;
Mi ddaw cyn daw y gaea',
Os Duw rydd dywydd teg;
Mi gawn ni benwaig, a digon,
I dalu'r hen ddyled:
O gwna dy ran am Eil-o-Man...

Os gofyn neb yn unlle
Pwy luniodd gân fel hyn —
Hen ŵr sydd wedi'i drigain
Yn dechre troi yn wyn,
A'i enw'n ffel oedd H ac L
Drwy Fôn ac Arfon faith:
Os daw pysgota i Gymru
Fe delir am ei waith:
O gwna dy ran am Eil-o-Man...

NODIADAU

1. AMBELL I GÂN

CCAGC V:13. Dyma droednodyn Emrys Cleaver i'r gân yn y rhifyn dan sylw:

> Cefais y gân hon gan Watcyn o Feirion. Dywedodd mai un o hoff ganeuon y diweddar Evan Jones, Penystryd, Trawsfynydd, ydoedd. Tenor melys yn ei ddydd ydoedd ef, a bu farw yn hen ŵr ychydig flynyddoedd yn ôl. Cofiai Watcyn o Feirion i E.J. ddweud wrtho mai hen ŵr o ardal Trawsfynydd a glywodd yn ei chanu gyntaf.

Mewn llythyr at y golygyddion oddi wrth Glyn Jones, Pencaenewydd, Pwllheli, nodir mai yn Nefeidiog Isaf y ganwyd Evan Jones (Pantglas, yn ddiweddarach), iddo farw ar Ionawr 27ain, 1951, yn 83 mlwydd oed a'i gladdu ym mynwent Penystryd.

2. AR FORE DYDD NADOLIG

LLGC Facsimile 7. Cofnodir y gân yn Song Book of Myra Evans (sef Myra Evans, Gilfach-Rheda, Ceinewydd) gyda'r nodyn canlynol yn gysylltiedig â hi:

> My first recollection of this lovely old carol, is that of hearing my great aunt Nel, Daniel Williams' daughter, sing it whilst washing her floor, and persuading the dear old lady to teach it to me. I found mother knew the second and third verses as well as the first which auntie taught me, having had the words written out when her grandfather taught it to her, with the proviso that she must not show or sing the third verse at any price as it was Catholic, and Protestants believed "Y mae i ni Eiriolwr gyda'r Tad sef Iesu Grist y Cyfiawn", and that Christ had never taught us to pray to his mother, but "Ein Tad, yr Hwn wyt yn y nefoedd".

Yn y nodiadau ar Rif 27 yn *Canu'r Cymry I*, lle'r ymdrinir â'r gân 'Myn Mair', ceir cyfeiriad cyffelyb at ymatal rhag canu geiriau amlwg Babyddol eu naws yn gyhoeddus. Yn yr un teulu y cadwyd y ddwy gân fel ei gilydd ac y mae'n dyled i Daniel Williams (a anwyd, o bosibl, tua diwedd y ddeunawfed ganrif) a'i ddisgynyddion yn fawr.

NOTES

A SONG NOW AND THEN

JWFSS V:13 The words describe how a song now and then will keep spirits high, turn darkness to light, and lessen burdens. And though in this world it is only a song now and then, in the next it will be all singing. The song was published in JWFSS in 1957 as sung by a Merionethshire hill-farmer who would have been born about 1868 and who had himself learned the song from an old man in the Trawsfynydd area.

ON CHRISTMAS MORNING

Song Book of Myra Evans (NLW Facsimile 7). Myra Evans, a native of Cardiganshire, added this explanatory note to the song in her manuscript:

> My first recollection of this lovely old carol, is that of hearing my great aunt Nel, Daniel Williams' daughter, sing it whilst washing her floor, and persuading the dear old lady to teach it to me. I found mother knew the second and third verscs as well as the first which auntie taught me, having had the words written out when her grandfather taught it to her, with the proviso that she must not show or sing the third verse at any price as it was Catholic, and Protestants believed 'Our Intercessor with God is Jesus Christ the Righteous', and that Christ had never taught us to pray to his mother, but 'Our Father, Who art in heaven'.

In the notes to 'Myn Mair' (also from Myra Evans' manuscript) in the first volume of *Canu'r Cymry* there is a similar reference to the prohibition against singing songs with a Catholic flavour in public, and were it not for Myra Evans' great-grandfather and his descendants these two songs would have perished like the rest after the rise of Protestantism. In the case of the

Y posibilrwydd felly yw, o ystyried cynnwys y trydydd pennill yn arbennig, y gall y geiriau hyn fynd â ni'n ôl i gyfnod pur gynnar. Ategir hyn gan ddwy ystyriaeth bellach, y naill yn llenyddol a'r llall yn gerddorol.

Dangosodd R.L. Greene yn eglur yn ei astudiaeth sylfaenol *The Early English Carols* (Oxford 1935) bod y gair 'carol', erbyn diwedd yr Oesoedd Canol, yn enw ar ffurf fydryddol bendant, yn cyfeirio at gerddi yn cynnwys penillion unffurf, gyda byrdwn ('a separate formal unit', a defnyddio ei ddisgrifiad ef o'r peth) yn agor y gerdd ac yn cael ei ail-adrodd ar ddiwedd pob pennill. O graffu ar eiriau'r garol Gymraeg hon mae'n taro dyn ar unwaith bod un cwpled yn digwydd ar ôl pob pennill: 'O Geidwad aned / Fe wawriodd arnom ddydd'. Pe cenid hwn hefyd <u>cyn</u> y pennill cyntaf byddai gennym ffurf fydryddol yn cyfateb yn union i ddisgrifiad R.L. Greene o garol. Tybed, yn wir, na allai'r geiriau hyn, ar ryw ffurf arnynt, ddyddio o tua diwedd y bymthegfed ganrif neu ddechrau'r ganrif ddilynol?

O safbwynt y gerddoriaeth, barn y Chwaer Mary Berry o Goleg Newnham, Caergrawnt, ysgolhaig a wnaeth astudiaeth drylwyr o ganu eglwysig y Canol Oesoedd yn arbennig, yw bod yr alaw hon yn gwreiddio yn nhraddodiad y blaengan. Sylwer, yn neilltuol, ar yr ystod gyfyng o bum nodyn, y symud cyson o ris i ris yn y raddfa, rhwyddineb rhythmig y cyfan a'r nodyn adroddol agoriadol. Newidiwyd peth ar y barrau ond ni chyffyrddwyd ymhellach na hynny â'r nodau.

carol both words and melody suggest a pre-Reformation origin. In this example, as in the vast majority of Welsh Christmas carols, the actual birth of Christ is touched on only briefly. Verse 2 describes the Crucifixion and Resurrection, and the last verse is a plea to the Virgin Mary to intercede for us at the throne of heaven. Each verse is followed by a two-line burden: O Saviour incarnate, for us day has dawned. According to R.L. Greene in *The Early English Carols* (Oxford 1935) the late-mediaeval carol had a definite form with a fixed stanza pattern and recurrent burden which appears at the beginning and end, as well as between verses. If the burden in the Welsh carol is sung at the opening, the carol falls very well into the mediaeval pattern. Furthermore, the musical style confirms this. According to Sister Mary Berry of Newnham College, Cambridge, an authority on mediaeval ecclesiastical singing, the melody has many of the general characteristics of plainsong. Note the narrow compass of five notes, smooth conjunct vocal line, free rhythmic pattern and the opening on a 'recitation' tone.

The notes have been re-barred from the original but are otherwise unchanged.

3. AR Y BRYN MAE CASEG FELEN

ON THE HILL THERE'S A CHESTNUT MARE

CG2/1979:51. Cyfrannwyd i'r cylchgrawn gan Shân Emlyn, Caerdydd. Cofnododd hi'r gân tua diwedd y pumdegau o ganu John Elfed Jones, Cadeirydd presennol Bwrdd Dŵr Cymru ond a oedd ar y pryd yn goruchwylio gwaith y Cynllun Dŵr yn Nant y Moch, Ceredigion. Dysgodd ef y gân, yn ei dro, wrth wrando ar un o'r gweithwyr yn ei chanu.

Sylwer ar nodwedd ddatganiadol yr alaw a'r amlygrwydd a roddir i bumed y raddfa. Yn wir, ar wahân i'r chweched bar mae'n alaw bentatonig a pherthyn ei rhan gyntaf i alaw 'Hiraeth' (gweler *Canu'r Cymry I*) sy'n bentatonig trwyddi. Digon prin yw'r raddfa hon yn ein canu gwerin ni; graddfa hynafol hefyd, i bob golwg.

CG2/1979:51. The song describes a ploughman's desire to escape from his drudgery on the back of the chestnut mare, or on seagull wings, or running free like the stag; but just as the mare must stay between the shafts, so must the ploughman follow the plough. The song was heard in the late 1950s sung by a labourer on the Nant y Moch dam. The style of the melody and words is however much older: the tune has a declamatory character with a strong emphasis on the fifth of the scale and, except for the sixth bar, is pentatonic. The first half of the tune is related to 'Hiraeth' (see *Canu'r Cymry I*) which is pentatonic throughout. The metre is a familiar Welsh one, trochaic tetrameter couplets with an interlaced refrain.

4. AR Y FFORDD WRTH FYND I RYMNI

LLGC (J. Lloyd Williams, 115). Codwyd yr alaw a'r pennill cyntaf o un o'r casgliadau caneuon gwerin a anfonwyd i gystadleuaeth yn Eisteddfod Bae Colwyn, 1910, sef casgliad 'Llais o'r Mynydd'. Dichon mai gŵr o'r De-Orllewin ydoedd gan iddo nodi bod rhai o'r caneuon yn dod o ardaloedd Pencarreg, Llanybydder, a mannau ar y ffin rhwng siroedd Caerfyrddin a Morgannwg. Am y gân hon dywed ei bod yn cael ei chanu yn 'the Vale of Aeron and in the district around Talysarn'. Er hynny, blas un o gymoedd diwydiannol y De sydd iddi ac y mae'r byrdwn macaronig yn dra diddorol. Codwyd penillion 2 a 4 o HB a phennill 3 o PT. Amrywiad yw'r alaw, wrth gwrs, ar un ffurf o'r gân 'Hob y deri dando'.

ON THE WAY TO RHYMNI

NLW (J. Lloyd Williams MS 115). Tune and first verse come from a folksong collection submitted for a competition in the Colwyn Bay Eisteddfod of 1910. The competitor probably came from Southwest Wales and he noted that he had collected this song 'in the Vale of Aeron and in the district around Talysarn' in Cardiganshire. However the words quoted describe a humorous encounter on the way to Rhymni in the industrial south; the period is made plain by the reference to a victory over nine 'Paddies' or Irishmen. The tune is a version of 'Hob y deri dando', first published in 1794 in RWB and said there to be a South Wales variant. The metre is trochaic tetrameter quatrains with an interlaced macaronic burden. Verses 2, 3 and 4 have been added from traditional sources for this edition.

5. AWN I FETHLEM

Recordiwyd o ganu Sara Macdonald, o bentre'r Gaiman, Y Wladfa, pan ar ymweliad ag Afallon, Cwmystwyth, ym Medi 1982. Ar y prynhawn Sul hwnnw — y pumed o'r mis — canodd ugeiniau o ganeuon, mewn llais ysgafn, ond clir a chadarn fel cloch, gan arddangos cof eithriadol o afaelgar: fe'i ganwyd yn 1911. Ceir cyfeiriadau pellach ati mewn ysgrif gan Shân Emlyn, a gyhoeddwyd yn CG5/1982, 'Caneuon Gwerin Cymraeg yn Y Wladfa', ac yn yr un rhifyn argraffwyd pum cân werin a ganwyd ganddi i Shân pan oedd yr olaf ar ymweliad â'r Wladfa yn 1981. Yng Nghymru, fodd bynnag, y digwyddodd carol Yr Hen Ficer ddod i gof Sara Macdonald ac oddi wrth wrando ar ei mam yn ei chanu y dysgodd hi'r gân. Ganwyd ei mam yn Y Wladfa ond gwraig o Gwmaman, Aberdâr, oedd ei mam hi a daeth i'r wlad newydd ymysg yr ymfudwyr cyntaf yn 1865. Gwyddai Sara Macdonald bod ei mam yn canu rhagor na'r ddau bennill a ganai hi ei hun (y ddau bennill cyntaf yma) ond ni fedrai gofio rhagor na hynny ar y pryd.

Cyhoeddwyd y garol yn *Y Seren Foreu neu Ganwyll y Cymry*, o eiddo Rhys Prichard, (1579?-1644) ac yn argraffiad 1867 fe'i cyhoeddir fel cerdd yn cynnwys chwech ar hugain o benillion. Gyda pheth newid yma ac acw cyfetyb y ddau bennill cyntaf yma i benillion 1 a 16 yn yr argraffiad dan sylw; detholwyd pedwar arall o'r gerdd gyflawn yn y gobaith y

LET US GO TO BETHLEHEM

This simple, joyous carol was recorded from the singing of Sara Macdonald, a native of Patagonia, when on a visit to Wales in September, 1982. Mrs Macdonald, who was born in 1911, learned the carol from her grandmother, who had left South Wales with the first wave of emigrants to Patagonia in 1865. There are 26 verses to the carol, the words of which come from the early 17th century, and the editors have added four of these to the two sung by Mrs Macdonald. Unlike the majority of North Wales carols, the metre is traditional (trochaic tetrameter quatrains) and the Christmas message is direct and unpretentious. The tune, a simple one with a Welsh flavour which is accentuated by the 'snap' in the rhythm, appears to be related to 'Y Dôn Fechan' (The Little Tune). Other tunes are to be found to these words, most notably another South Wales version in JWFSS III:55 which has the same rhythmic 'snap' but is a 5-phrase major melody, and a manuscript example from mid-19th century North Wales which is hymn-like in character (NLW Cwrtmawr Music MS 1371).

gwelir llawer mwy o ganu arni o hyn ymlaen yn ystod cyfarfodydd y Gwyliau.

Ymddengys bod yr alaw, gyda'r cipiad rhythmig nodweddiadol, yn perthyn i'r 'Dôn Fechan'. Ceir alawon eraill yn gysylltiedig â'r geiriau hyn ac y mae'n werth nodi'n arbennig amrywiad o Dde Cymru, a gyhoeddwyd yn CCAGC III:55, yn meddu ar yr un cipiad rhythmig ond ei bod yn cynnwys pum brawddeg gerddorol yn y cywair mwyaf. Daw esiampl arall, emynyddol ei naws, o lawysgrif yn perthyn i ganol y ganrif ddiwethaf, llawysgrif o Ogledd Cymru (LLGC Llsgr. Gerddorol Cwrtmawr 1371).

6. CAINC Y FFLEMYNES

M-SC Cyf. 1, Rhan 2, Rhif 50. Awdur y llawysgrif hon oedd John Jenkins ('Ifor Ceri' 1770-1829). Y ffurf ar y teitl yn y llawysgrif yw 'Caingc y Fflemynes' a disgrifir hi fel 'Caingc o Syr Penfro'. Nodir, hefyd, enw'r gŵr a roes y gân i Ifor Ceri: 'J. Parry', ond ni wyddom ragor amdano na'i enw, ar wahân i'r ffaith iddo anfon gryn wyth o geinciau eraill i'r casglwr gyda rhai ohonynt, o leiaf, yn cael eu lleoli ganddo yn Sir Gaerfyrddin.

Ceir ymdriniaeth o lawysgrifau cerddorol Ifor Ceri gan Daniel Huws yn CG8/1985, a dau atodiad pwysig yn CG9/1986. Awgryma ef i M-SC gael ei gosod ynghyd yn bennaf rhwng 1817 ac 1820, gydag ychwanegu rhai caneuon hyd tua 1825. Gan amlaf mae lle i amau a glywodd Ifor Ceri y geiriau a gysylltir ganddo â'r ceinciau, yn cael eu canu, ond go brin y gall bod amheuaeth o berthynas i'r gân hon. Ymddengys iddi gael ei chodi ar lafar, yn alaw a geiriau. Yn y cyswllt hwn mae'n berthnasol sylwi bod amrywiad ar y pennill cyntaf i'w gael yn HB (Rhif 479).

Gallwn fod yn siwr, fodd bynnag, mai Ifor Ceri ei hun a ddyfeisiodd y teitl i'r gân. Awgrymwyd y gair 'Fflemynes' iddo, yn ddiamau, gan leoliad y gainc yn Sir Benfro; cynnyrch tipyn o ddychymyg hynafiaethol! Mewn llythyr oddi wrtho at John Parry ('Bardd Alaw', 1776-1851), dyddiedig Chwefror 11eg, 1828, cawn y paragraff hwn:
> As I have room I send you also two of our South Wales tunes which possess a good deal of originality. The names of *Mwynen Trichwmwd* and *Caingc y Fflemynes* were imposed by me, a liberty I take for my own convenience whenever I find a nameless

THE FLEMISH WOMAN'S TUNE

M-SC Vol. 1, Part 2, No. 50. Like 'The Ploughman's Tune', this song comes from Ifor Ceri's collection (for a description, see *Canu'r Cymry I*, Nos. 18 and 42). In the manuscript he gives it the title of 'Caingc y Fflemynes' (The Flemish woman's tune) and attributes it to Pembrokeshire. According to Daniel Huws, Keeper of Manuscripts in NLW, the collection was probably brought together between 1817 and 1820, although occasional songs were added up to about 1825. Sometimes there is reason to doubt that Ifor Ceri heard the words which he noted along with the tunes; but both words and music of this song appear to have been noted down from oral tradition. We can however be sure that it was Ifor Ceri himself who gave the song its title for in a letter dated 1828, not long before his death, he notes:
> As I have room I send you also two of our South Wales tunes which possess a good deal of originality. The names of *Mwynen Trichwmwd* and *Caingc y Fflemynes* were imposed by me, a liberty I take for my own convenience whenever I find a nameless tune.

Undoubtedly the name was suggested by the tune's location in Pembrokeshire where a colony of Flemings was settled in mediaeval times. The words portray the feelings of a young widow who is being urged to marry a wealthy heir but who longs for the lad she loves who is without means. The 'waly waly' burden is unusual, and possibly unique, in Welsh folksong.

tune.

Mae'r ymadrodd 'wêli, wêli' yn anghyffredin; yn unigryw o bosibl, mewn canu gwerin Cymraeg. Ar y ffurf 'waly, waly' fe'i ceir mewn ambell gân Seisnig.

7. CAINC YR ARADWR

M-SC Cyf. 1, Rhan 3, Rhif 63. Y tebyg yw i awdur y llawysgrif dderbyn y gân oddi wrth Aneurin Owen (1792-1851) a'i cafodd, yn ei dro, gan ei dad, William Owen Pughe (1759-1835). Mewn llythyr oddi wrth Iolo Morganwg (1747-1826) y daeth i law yr hynafiaethydd a'r gramadegwr, ac y mae hwnnw ar gael, dyddiedig Rhagfyr 19eg, 1802, yn LLGC 13221E:
> You want Pennillion — iw canu efo'r delyn — here is one for you that I picked out of the mouth of a ploughboy a few days ago.

'Cainc y Cathreiwr' yw enw Iolo arni: 'cathreiwr' yn enw ar y bachgen a arferai yrru'r ychen, yn rhannol trwy ganu iddynt ac yn rhannol trwy eu cethru â ffon hir gyda phigyn ar ei phen blaen. Ffurf Ifor Ceri ar y teitl yw 'Caingc yr Aradwr' ac fe'i disgrifir ganddo fel 'The ploughman's Song Morganwg'. Mae copi ohoni ar gael hefyd yn LLGC 13146A, un o lawysgrifau Iolo, hynny mewn rhan ohoni sy'n dwyn y pennawd 'Casgledydd Penn Ffordd', rhan a gynnwys nifer o alawon wedi eu cofnodi ganddo. Ar waelod dalen deitl honno nodir y flwyddyn 1800 ond efallai mai blwyddyn cychwyn y casgliad oedd hon.

Un pennill Cymraeg yn unig a gynhwyswyd gan Ifor Ceri. Codwyd penillion 2, 3 a 4 o PT. Diddorol yw sylwi, fodd bynnag, bod penillion 3 a 4 i'w gweld yn LLGC 13146A (gyda mân wahaniaethau) fel rhan o gasgliad sylweddol o benillion cyffelyb y dywedir amdanynt, ar y diwedd, 'Iolo Morganwg ai cant yng Nghent yn y flwyddyn 1775'.

Mae dros ugain o ganeuon ychen ar gael o hyd; hon yn un o wyth sy'n llunio un teulu alawol pendant. Nodweddir y caneuon ychen gan yr 'alwad' ar y diwedd ond y mae'r gân hon yn anghyffredin ar gorn hyd yr alwad.

8. CALENNIG

Cafwyd yr alaw a'r pennill cyntaf o ganu Elizabeth Hill, Wrecsam, yn wreiddiol o Lanegryn. Arferai hi a'i chyfeillion ganu'r

THE PLOUGHMAN'S TUNE

M-SC Vol. 1, Part 3, No. 63. One of the numerous songs collected by Ifor Ceri. It is likely that Ifor Ceri had this song indirectly from the indefatigable antiquarian, Iolo Morganwg, and despite the latter's propensity for literary forgery, there seems no reason to doubt the authenticity of his folksongs. In 1802 Iolo sent the song to another antiquarian with the note:
> You want Pennillion — iw canu efo'r delyn* — here is one for you that I picked out of the mouth of a ploughboy a few days ago.

Iolo called it 'Cainc y Cathreiwr' (The Goadman's Tune) because the goadman is another name for the boy who drove the oxen, partly through singing to them and partly by the use of a goad (a long stick with an iron prod on it) to urge them forward. Iolo's copy of the tune can be seen in NLW 13146A, noted without regular barlines and with eccentric rhythm; when Ifor Ceri included it in his collection he tidied up the music and changed the title to 'Caingc yr Aradwr' (The Ploughman's Tune), noting only one verse of words. The others have been added by the editors from the great corpus of traditional disconnected stanzas, and in fact verses 3 and 4 can be found in Iolo's own substantial collection of folk verses with the note: 'Iolo Morganwg composed these in Kent in the year 1775'.

Over a score of oxen songs are still extant and this is one of eight related tunes which form a single melodic family. The oxen tunes are generally distinguished by the 'call' at the end of each verse but this example is unusual in having a very extended 'call'. The verses are trochaic tetrameter quatrains.

*Verses — to sing with the harp —

CALENNIG

Calennig was a New Year's gift, an ancient custom more recently displaced by the giving of presents at Christmas time. The custom, which

rhigwm ym mlynyddoedd cynnar y ganrif hon wrth hel calennig ym mhentref Llanegryn, a'r ffermydd oddi amgylch. Codwyd yr ail bennill o FWTT (ail bennill y gân 'Cerdd Dy' Calan'), a daw'r trydydd o H.

Cyhoeddwyd nifer o ganeuon calennig: gweler yn arbennig FWTT:56, CL1G:29;37, a CCAGC III:31. Nid oes berthynas rhwng y ceinciau ac amrywiant o ran mydr. Diamau bod cryn amrywio ar y canu o ardal i ardal. Cyhoeddwyd alaw dan y teitl 'Calennig' yn llyfr John Parry, Rhiwabon, *British Harmony* (1781) ac er na chynhwyswyd geiriau gyda hi fe ellir, gydag anwybyddu rhai llithrenni a nodau camu, gosod arni y geiriau a welir yn CCAGC III:31. Sylwer, gyda llaw, bod yr alaw dan sylw yn anghyffredin ymysg yr alawon calennig gan ei bod yn y cywair lleiaf.

began early on New Year's Day and finished at noon, consisted of good luck visits to the houses in the neighbourhood, singing verses at the door and collecting the calennig which might be food or money. The tune and first verse were noted from a native of Merionethshire born in 1900 who remembers singing it as she and her friends went round the village houses and the neighbouring farms collecting calennig in the early years of this century. Numerous examples have been collected, most notably in FWTT:56, CL1G:29;37, and JWFSS III:31. The tunes are not related, nor are they all in the same metre and there was undoubtedly a good deal of regional variation. The earliest record of a tune is to be found in *British Harmony* (1781); and although no words are given the tune will fit (with the omission of ornamental slurs and passing-tones) the words in JWFSS III:31; unusually, among surviving calennig songs, it is in the minor.

9. CÂN Y CARDI

CG1/1978:33-4. Fel y codwyd hi o golofn 'Llên Gwerin Morgannwg', Tom Jones, Trealaw, a gyhoeddwyd dros gyfnod o flynyddoedd yn *Y Darian*. Yn rhifyn Mawrth 29ain, 1928, yr argraffwyd y gân hon yn benodol a cheir nodiadau manwl arni gan D. Roy Saer yn y rhifyn dan sylw o CG, tt. 34-6. Yn gyffredinol, dywedir yno mai prin yw caneuon gwerin Cymraeg sy'n adlewyrchu cefndir diwydiannol (nid yw hyn yn wir, wrth gwrs, am gerddi taflenni-baled y ganrif ddiwethaf), a bod perthynas rhwng y geiriau hyn a geiriau eraill o dan y pennawd 'Shacki Newi Ddwad' (a argraffwyd, yn wir, ar daflen-faled). Mae'r gerdd honno yn 'cynnal ail ystyr rywiol' ac awgrymir gan D. Roy Saer y gall bod 'Cân y Cardi' yn barchusiad ar hanes Shacki.

Ag ystyried yr alaw, heb y cytgan, daw ei pherthynas â rhai alawon Cymreig eraill, ac ag un alaw Seisnig, yn eithaf amlwg. Mae ei ffurf, yn ogystal â diweddebau brawddegau cerddorol 1, 3 a 4, yn dangos tebygrwydd rhyngddi a 'Mi af i Lunden G'lamai' (CCAGC II:133), 'Trwy'r drysni a'r anialwch' (CCAGC II:134), 'Ffair Henfeddau' (rhif 16 yn y gyfrol hon) — i gyd wedi eu casglu yn Sir Aberteifi — a chytgan yr holl bresennol 'Gwnewch bopeth yn Gymraeg' (gweler amrywiad arni yn y gyfrol bresennol, sef rhif 11b). Ac ymddengys i rhain i gyd, yn eu tro, fel perthnasau pell i alaw faled Seisnig,

THE CARDIGANSHIRE LAD'S SONG

CG1/1978:33-4. This is one of a number of songs which connect Cardiganshire with industrial Glamorganshire (see also No. 4) and it has been suggested that many Cardiganshire workers were brought down to the coalfields because of their experience in the numerous lead mines of their native county. Be that as it may, this boastful song describes how a Cardiganshire lad fresh from the country became a coal miner, earning more than his father. It is rare among Welsh folksongs for its industrial background and for its coal-mining terminology couched in Glamorganshire dialect. In his extensive notes to the song in the number of CG mentioned above, Roy Saer notes that these words are related to others to be found on a printed ballad sheet under the title 'Shacki Newi Ddwad' (Jackie Newly Arrived) and that the ballad sheet words give a secondary erotic meaning to the collier's work and use of tools; this erotic meaning is however wholly absent from the folksong. The chorus (Let the world go as it will, I shall be merry with an occasional glass of ale) is a floater which can be found attached to other songs. However, if the tune is taken without the chorus, its relationship to other Welsh tunes and to an English one becomes more apparent. The melodic shape, as well as the cadences of phrases 1, 3 and 4, has an affinity with 'Mi af i Lunden G'lamai' (JWFSS II:133); 'Trwy'r drysni a'r

'Bushes and briars'; pennawd sydd, wrth gwrs, yn gyfystyr, i bob pwrpas, â 'drysni ac anialwch'.

anialwch' (JWFSS II:134); No. 16 in this volume — all collected in Cardiganshire — and the burden of the ubiquitous 'Gwnewch bopeth yn Gymraeg' (see No. 11b for a variant). These, in turn, appear to be distantly related to the English ballad tune 'Bushes and briars' and in fact the title of 'Trwy'r drysni a'r anialwch' has roughly the same meaning.

10. CAROL Y BLWCH

Pan oedd Ifan O. Williams yn gynhyrchydd radio gyda'r BBC ym Mangor, yn ystod pedwardegau a phumdegau'r ganrif hon, digwyddodd glywed rhai gwŷr o ardal Llansannan yn canu tri phennill cyntaf y garol Nadolig hon (roedd hyn tua 1949) yn nhafarn Bryn Trillyn, sydd ar y ffordd o Bentrefoelas dros Fynydd Hiraethog i Ddyffryn Clwyd. Fe'u recordiodd yn y fan a'r lle ac, yn ddiweddarach, canwyd y garol gan driawd arall ar un o raglenni radio'r Gorfforaeth. Bu Gwilym Morris, Llannefydd, yn holi pwy oedd y gwŷr a fu'n canu i Ifan O. Williams a gwyddys, bellach, mai Tom Williams, Bob Williams ac Ellis James Williams oeddynt a'u bod wedi derbyn y garol yn wreiddiol oddi wrth Robert Morris, Pandy Tudur.

Daw'r tri phennill cyntaf o gerdd pymtheg pennill a gyfansoddwyd gan John Robert Jones ('Alltud Glan Maelor', 1800-81) ac a gyhoeddwyd ganddo, dan y pennawd 'Blwch Nadolig', yn ei gyfrol *Y Fodrwy Aur* a argraffwyd yn 1866. Yma, ychwanegwyd y pedwerydd pennill a dau bennill olaf y gerdd.

Cenir nifer o gerddi gwahanol ar yr alaw hon a phery'n boblogaidd yng ngwasanaethau'r Plygain. Mae ei rhediad rhwydd a'i cipiadau rhythmig a'i nodwedda yn ei gosod yn deg ddigon ymysg alawon Cymreig.

ALMS-BOX CAROL

The image of the box which is found in these verses symbolises God's gifts to mankind. As in most Welsh carols, (cf. Nos. 2 and 12) the birth of Christ occupies a relatively small part and the remainder is moralistic in tone. The words were published in 1866 but the carol printed here has come down in oral tradition. In the late 1940s the BBC radio producer, Ifan O. Williams, heard three men singing this carol in an inn on the Denbigh moors and recorded it. Though it became popular through radio broadcasts, it is published in this form for the first time here. Other carol words are also sung to this tune which has remained popular in the Plygain carol services (for information about this interesting Welsh custom see Roy Saer's valuable notes to the record of *Plygain* carols issued by the Welsh Folk Museum: Sain Records 1100M). The melody with its free rhythm and use of 'snap' is Welsh in style and although there is no reference to it before the late 19th century, it may very well be older. The metre is a popular Welsh folk metre: 6.5FM.

11. CERDD-WEFUS

Prin yw esiamplau o gerdd-wefus yng Nghymru, hynny yw, seinio alaw gyfan gan ddefnyddio sillafau diystyr, ond arferai'n hynafiaid wneud hynny yn ddios. Fel yn Yr Alban byddid yn gwneud hyn ar brydiau pan na fyddai offeryn i'w gael yn hwylus wrth law ac angen cyfeiliant i ddawns, neu rywbeth tebyg. Yn 1820, ac yntau'n cyfeirio at alaw benodol, ysgrifennodd Bardd Alaw fel hyn: 'When this song is performed without an accompaniment, the singer imitates

MOUTH-MUSIC

Few examples of mouth-music have been noted from Welsh sources though the technique was certainly practised. As in Scotland nonsense syllables seem to have been used to replace an instrument, though in Wales the instrument was most often the harp. In 1820 a musician wrote: 'When this song is performed without an accompaniment, the singer imitates the (instrumental part)...' and in 1920 one informant stated: 'It is quite common at the

the (instrumental part)...' A gwnaed sylw cyffelyb gan L.D. Jones ('Llew Tegid', 1851-1928) mor ddiweddar â 1920: 'It is quite common at the present day to imitate the harp for penillion singing with 'nonsense syllables'....'

(a) CHWARTER TÔN

CG8/1985:54. Codwyd hon o LLGC (J. Lloyd Williams 115) ac fe'i casglwyd gan J. Lloyd Williams (1854-1945) ei hun (yn 1916, o bosibl) o ganu gŵr o'r enw D. Humphreys, yn Aberystwyth. Dywedai ef i'w fam, tua 1836, glywed y rhigwm yn cael ei ganu mewn tŷ tafarn gan ffarmwr a'i galwai wrth yr enw uchod: hynny, yn ôl yr hen wraig, heb ddefnyddio unrhyw eiriau. Mae'r pennawd yn ddirgelwch. Y cwbl y medrir ei ychwanegu yw bod Richard Morris, yn ei restr hwyaf o enwau alawon (gweler *Llawysgrif Richard Morris o Gerddi*, gol. T.H. Parry-Williams, Gwasg Prifysgol Cymru, Caerdydd, 1931) yn cynnwys y teitl 'chwarter tôn' a'i fod, hefyd, yn cyfarwyddo cantorion i ganu un o'r cerddi 'ar chwarter tôn anodd'. Mesur y gerdd honno yw cywydd deuair fyrion. Mae hefyd yn defnyddio'r teitlau 'tri chwarter tôn' (ar gyfer mesur tri-thrawiad) a 'hanner tôn' (gogyfer â mesur awdl-gywydd). Tybed ai math ar alaw ar gyfer canu deuair fyrion oedd Chwarter Tôn? Yn wir, gellid canu cywydd deuair fyrion i'r alaw a gyhoeddir yma, gyda 'chydig o addasu. Sut bynnag, arhosodd yr enw ar lafar hyd tua chanol y ganrif ddiwethaf.

(b) DI DIDL LAN

CG8/1985:57. Codwyd y gân ddieiriau hon i'r cylchgrawn o Lsgr. AWC 2505/5. Rhan o lythyr yw'r eitem arbennig hon a anfonwyd i J. Herbert Lewis, Plas Penucha, Caerwys, oddi wrth C. Ifor Rowlands, Bryn Myfyr, Gwyddelwern, Corwen, yn 1921, a dywedir yn y llythyr y cenid y rhigwm gan nain Ifor Rowlands, a chan ei mam hithau o'i blaen. Fersiwn yw'r alaw o'r un a ddefnyddir gennym i ganu cytgan geiriau 'Gwnewch bopeth yn Gymraeg'.

present day to imitate the harp for penillion singing with "nonsense syllables"...'

(a) QUARTER TUNE

CG8/1985:54. The tune was noted about 1916 from an Aberystwyth man; his mother had heard it sung, without words, in a public-house about 1836 by a farmer who called it by the above name. The title is a mystery, though there are a few clues. It was known in the 18th century for the name appears in a list of tunes made by an Anglesey youth about 1717, along with the titles 'Three-quarter tune' and 'Half tune'. The words he quotes under the titles are in various traditional Welsh metres; the words to 'Quarter Tune' are in the ancient metre known as *Cywydd Deuair Fyrion* and will fit the above tune with a bit of juggling. But it is impossible to know whether the farmer singing in the inn had forgotten the words, or ignored them as unsuitable, or had never known any.

(b) DI DIDL LAN

CG8/1985:57. The tune was noted, in Tonic Sol-fa without barlines but including nonsense syllables, in 1921 by a Merionethshire man who remembered his grandmother singing it, and her mother before her. It is still another version of 'Gwnewch bopeth yn Gymraeg' (see the note to No. 9) which was so popular in Wales in the last century.

12. CLYWCH, CLYWCH

CG6/1983:62. Codwyd i'r cylchgrawn o LLGC (J. Lloyd Williams 99). Mae'n debyg i J. Lloyd Williams dderbyn hon yn uniongyrchol oddi wrth H. Walford Davies (1869-1941). O leiaf fe'i hanfonwyd at y gŵr hwnnw gan T.C. Davies, London House, Aberaeron, yn Rhagfyr 1939. Dysgodd ef y garol oddi wrth ewythr iddo

HARK, HARK

CG6/1983:62. This carol was sent to Sir Walford Davies in 1939 by a Cardiganshire man who had learned it from an old uncle many years previously. Because he believed himself to be the only one left who knew the carol and feared it would die with him, he asked a friend to note it down. This was done in Tonic Sol-fa, and later

flynyddoedd lawer ynghynt a thybiai mai ef oedd yr unig un yn yr ardal oedd yn gybyddus â hi bellach. Gan nad oedd ef ei hun yn gerddor gofynnodd i gyfaill iddo nodi'r gân ar ei ran. Gwnaeth hwnnw hynny mewn solffa. Yn ddiweddarach gofynnodd i gyfaill arall wneud cymwynas gyffelyb ag ef a'r tro hwn cafodd fersiwn mewn hen nodiant, wedi ei chynganeddu. Yr alaw a nodwyd mewn solffa a atgynhyrchir yma.

Dau bennill a anfonwyd gan T.C. Davies ond rhan yn unig yw'r rhain o gerdd chwe phennill a gyfansoddwyd gan Robert Davies ('Bardd Nantglyn', 1769-1835) ac a gyhoeddwyd ganddo yn *Diliau Barddas* (1827). Yma ceir pennill cyntaf a phedwerydd pennill yr 'Emyn ar enedigaeth Crist'.

Perthyn yr alaw hon i deulu niferus a adwaenir fel teulu 'Mentra Gwen' a cheir geiriau seciwlar, yn ogystal â rhai crefyddol, yn gysylltiedig â'r amrywiadau sydd arni, gyda'r rheiny'n amrywio o ran modd a strwythur. Mae'r patrwm mydryddol a geir yma i'w gael hefyd mewn baled Seisnig o'r enw 'Captain Kidd': morleidr oedd y brawd hwnnw a grogwyd yn 1701. Yn y modd re y mae'r alaw ac un nodwedd anghyffredin arni yw'r cymal addurniedig a glywir ddwywaith ym mhob pennill; ceir hefyd ambell lithren a nodyn camu. Casglwyd amrywiad arall, eto yn y modd re, yng Ngogledd Ceredigion a'i gyhoeddi, heb eiriau, yn *Y Cerddor Cymreig* (Cyf. III, Ebrill 1865, t. 28). Ychydig yn gynharach cyhoeddwyd amrywiad yn y cywair mwyaf yn *Caniadau Bethlehem* (J.D. Jones, Rhuthun, 1857, t.7) a nodir yn y gyfrol honno mai Bardd Nantglyn oedd awdur y geiriau.

another friend noted it in ordinary musical notation and harmonised it. Both versions were then sent to Sir Walford who probably passed them on to J. Lloyd Williams amongst whose papers they were found. The sol-fa version has been followed here as being freer and thus probably truer to the original performance.

The tune is one of very many in Wales which go under the generic title of 'Mentra Gwen'. It is equally at home with sacred and secular words; there are numerous versions with carol words, encompassing much variation in melody, mode and metre. This member of the family (like No. 34 in this volume) follows the same basic pattern as the Captain Kidd ballad which was written about 1701 when Kidd was on trial in London and there are also similarities in melodic shape though the style is very different. The tune is in the dorian/re mode and is unusual among Welsh folksongs in containing melismata; apart from those, however, the only ornamentation consists of a few slurs and passing-tones. Another dorian/re mode variant was collected in the same area of Cardiganshire as the above tune and published without words in the Welsh music magazine, *Y Cerddor Cymreig*, in 1865. A few years previously, in 1857, a major-key variant was published in North Wales with the 'Clywch, clywch' words, and there the name of the poet is given. In Wales, respect for the bard is so strong that even when songs are passed from one generation to the next in oral tradition the poet's name is often known, and this is particularly true of the carols.

13. COBLER COCH O HENGOED

LLGC (Llsgrau. Iolo Aneurin Williams; heb eu rhestru). Alaw a gofnodwyd gan Iolo Morganwg. Ni nodwyd unrhyw eiriau ar ei chyfer ond yn H ceir pennill o dan y pennawd 'Boddi Cath' am Shincin Sion o'r Hengoed a aeth i gyflawni'r gwaith anghynnes hwnnw, pennill sydd o ran mydr a chynnwys yn debyg iawn i'r un am y Cobler Coch o Ruddlan a fu ar berwyl cyffelyb. Daw'r tri phennill arall, hwythau, o'r un gyfrol.

THE RED-HEADED COBBLER OF HENGOED

NLW (MS Iolo A. Williams: uncatalogued). The tune is one of those noted by Iolo Morganwg (1747-1826) (see also the note to No. 7) and was found among the papers of his descendant, Iolo Aneurin Williams, which are now in NLW. They contain numerous songs, scribbled down in Iolo's eccentric notation, some with words and some without. The above tune appears without words but the title is reminiscent of satirical verses about a red-headed cobbler from Rhuddlan who went to drown a cat in a sack; the cat survived and the cobbler lost his sack. The words

14. DWY BLETH O'I GWALLT MELYNGOCH

LLGC (J. Lloyd Williams 57). Ceir yr alaw a'r pennill cyntaf, ynghyd â hyn: 'Frank Phillips, Llanelli, 1922', wedi eu nodi ar y tudalen. Codwyd y ddau bennill sy'n weddill o HB.

TWO BRAIDS OF RED-GOLD HAIR

NLW (J. Lloyd Williams MS 57). Almost nothing is known about this song which appears among J. Lloyd Williams' papers with the bare notation: 'Frank Phillips, Llanelli, 1922'. Only one verse is quoted in the MS, another two have been added from the vast stock of disconnected stanzas to fill out the song of disappointed love.

15. 'DDAW HI DDIM

Canwyd gan Gwilym Morris, Llannefydd, Dyffryn Clwyd, yn ystod Cwrs Bwrw Sul Cymdeithas Alawon Gwerin Cymru yng Ngregynog, 1985, a chofnodwyd gan Phyllis Kinney. Dysgodd Gwilym hi gan berson a dystiai iddi gael ei chanu gan hen fugail mewn swper bugeiliaid a gynhaliwyd yn nhafarn Bryn Trillyn ar Fynydd Hiraethog tua'r flwyddyn 1915. Un o gerddi 'difyrus' y ganrif ddiwethaf yw hon yn ddiamau ond, hyd yma, ni lwyddwyd i ddilyn ei thrywydd hyd at ei gwâl.

NOT A CHANCE!

The song was noted during a weekend course held by the Welsh Folk-Song Society in 1985 from the singing of Gwilym Morris, a native of the Vale of Clwyd in North Wales. He learned it from a man who had learned it in his turn from hearing it sung by an old shepherd at a shepherds' supper about 1915. It appears to be a humorous song from the last century; and the spoken words in the middle indicate that it was intended to be sung before an audience. The words describe a man who is asked a number of favours by those who think he is simple enough to agree, but each time the supposed simpleton finishes by saying: 'Not a chance! I may look dumb, but I'm not as dumb as that. Not a chance!'

16. FFAIR HENFEDDAU

Oddi wrth Noel John, arweinydd Côr Telyn Teilo, y daeth y gân hon i'r golygyddion a darganfu ef hi yn UNAC 1957. Yno fe'i disgrifir fel cân werin o Sir Aberteifi y dywedir iddi gael ei thynnu o gasgliad J. Ffos Davies, eithr ni cheir manylion pellach yn ei chylch. Fe'i ganed ef yn ardal Llandysul yn 1882 a'i gladdu ym mynwent Eglwys Cilcennin yn 1931. Wedi ei addysgu yn Ysgol Ramadeg Llandysul a Choleg Prifysgol Cymru, Aberystwyth, ymgymerodd â gwaith athro ysgol gan dreulio rhan olaf ei yrfa yn brifathro Ysgol Cribyn (1921-7) ac Ysgol Felinfach (1927-31). Roedd yn gerddor medrus, yn arweinydd corau a chymanfaoedd canu, ond ei gyfraniad pennaf, efallai, yn y maes hwn, oedd casglu caneuon gwerin ei sir enedigol.

HENFEDDAU FAIR

This song about a man who made an unlucky purchase of a mare at a fair was one of many put out in small booklets by UNAC. It appeared in the 1957 edition and was said there to have come from a Cardiganshire folksong collection. The collector, J. Ffos Davies, was instrumental in preserving a large number of folksongs from his native county. Most of these have been published in FWTT but some still remain in manuscripts which are in the archives at the Welsh Folk Museum. This tune is still another variant of 'Trwy'r drysni a'r anialwch' (see the note to No. 9); another tune has been published in CL1G:21, collected in the same county but with quite a bit of difference in the words.

Cyhoeddwyd nifer dda ohonynt yn FWTT ac erys rhai eto ar ôl i'w cyhoeddi.

Ceir ffurf arall ar y gân hon yn CL1G gydag alaw wahanol a pheth gwahaniaethau yn y geiriau. Bertie Stephens, Llwyncelyn, Llangeitho, a'i canodd i D. Roy Saer. Amrywiad arall eto yw'r alaw a geir yma o 'Trwy'r drysni a'r anialwch' (gweler y nodyn ar Rif 9).

17. FFOLES LLANTRISANT

ANAGM:24. Yn ei nodiadau ar ddiwedd y gyfrol dywed Maria Jane Williams (1795-1873) iddi dderbyn y gân fach hon oddi wrth Iolo Morganwg. Awgryma Daniel Huws (mewn nodiadau ar y caneuon a gynhwysir yn y gyfrol dan sylw ond nas cyhoeddwyd hyd yma) mai alaw ddawns yw hon a bod yr amseriad yn awgrymu jig: awgrym a gadarnheir gan yr ysgolhaig Americanaidd Samuel P. Bayard sy'n cyfeirio ati fel amrywiad o 'The Irish Trot'. Ychwanega Daniel Huws i Maria Jane Williams ofyn i Taliesin Williams ('Taliesin ab Iolo', 1787-1847) am ddau bennill arall ac iddo yntau anfon un pennill o'i eiddo iddi; fel esiampl, gellid tybio. Sut bynnag, o dan ddylanwad Arglwyddes Llanofer, Augusta Hall ('Gwenynen Gwent', 1802-1896) fe'i gwrthododd a phenderfynu cynnwys y penillion a gawsai oddi wrth Iolo ei hun. Da y gwnaeth hynny; mae rhesymau digonol dros gredu mai penillion traddodiadol ydynt, ar ryw ffurf arnynt, o leiaf. Er enghraifft, ceir un amrywiad ar yr ail bennill yn 'Hen Hwian-Gerddi' Ceiriog (1832-87), sy'n rhan o'r gyfrol *Oriau'r Haf* (1870):

Mae geny' iar mae geny' geiliog,
Mae geny' gywen felen gopog,
Mae geny' fuwch yn rhoi im' lefrith,
Mae geny' gyrnen fawr o wenith.

Ac un arall yn HB:

Mae gennyf iâr a chlamp o geiliog
Hefyd gywen felen gopog,
'Rwyf mewn ffansi mawr i'th garu,
Pe cawn lonydd gan besychu.

Fel yr argraffwyd yr alaw yn ANAGM cynhwysodd Maria Jane Williams appoggiatura dwbl yn union cyn y nodyn terfynol — addurn eithaf nodweddiadol o ganu'r neuadd gyngerdd neu'r ystafell gerdd — ond ni chynhwyswyd mohono yma.

THE FOOLISH LLANTRISANT GIRL

ANAGM:24. In his as yet unpublished notes to this song, Daniel Huws suggests that both title and style of tune suggest a dance origin, specifically a jig; and this is supported by the American authority, Samuel P. Bayard, who calls it a version of 'The Irish Trot'.

Undoubtedly it is the connection with the dance which has resulted in verses which are a mixture of dactyls and trochees, a metre uncommon in Welsh folksong. The title seems to have no connection with the humorous courtship verses which were supplied to Maria Jane Williams, the collector, by Iolo Morganwg. The music is unusual among the songs in ANAGM for having only one grace, a double appoggiatura just before the final cadence; it has not been included here.

18. LLOER DIRION LLIW'R DYDD

Yn *Gems of Welsh Melody*, John Owen ('Owain Alaw,' 1821-83), argraffiad 1873, ymddengys y gân hon gyda'r nodyn cefndirol canlynol:
> Noted at Llanidloes April 16th, 1873, by Owain Alaw, from the singing of Mr David Morgan, who learned the Air and 1st verse from his mother Mrs Elizabeth Morgan.

Yna ceir y troednodyn hwn:
> This plaintive Melody is a good specimen of the Welsh style, and was brought under the Editors notice, by Nicholas Bennett, Junr, Esq., of Glanyrafon.

Ar gyfer ei chyhoeddi ymddengys i Owain Alaw deimlo nad oedd yr un pennill a gafodd yn ddigon ar gyfer ei gyfrol a throdd at Geiriog am bennill ychwanegol. Ceisiodd yntau lunio un yn null y canu rhydd cynganeddol, hynny yw, ar ffurf y pennill a ganwyd gan David Morgan, ond mae'n amlwg mai ymarfer academaidd braidd oedd eiddo'r bardd. Ymhellach, ni wyddai Owain Alaw fawr ddim am y traddodiad canu carolaidd, gyda'r canlyniad bod ei fersiwn ef o'r geiriau yn anfoddhaol yma ac acw. Mentrwyd cywiro ychydig, felly, ar y geiriau a geir yn y *Gems*.

Gwelir yr un math ar lurgunio geiriau yn yr unig gyfrol arall sy'n ei chynnwys, sef *Ceinion y Gân*, cyfrol a gyhoeddwyd gan Hughes a'i Fab, Wrecsam, ond na wyddys pwy a'i cynullodd. Nid oes ddyddiad cyhoeddi arni chwaith ond gwyddom i'w chynnwys gael ei gyhoeddi yn wreiddiol mewn rhannau, gyda Rhan III, lle ceir 'Lloer dirion lliw'r dydd', yn ymddangos ar y farchnad ym Mai, 1873, tua mis wedi i Owain Alaw gofnodi ei amrywiad ef o'r gân yn Llanidloes. Pe byddai fersiwn y *Ceinion* yn unffurf, o ran nodiant a geiriau, â fersiwn Owain Alaw gellid mentro datgan, efallai, mai benthyciad oddi ar y cerddor hwnnw ydoedd, mewn rhyw ffordd, ond gan nad felly y mae hi ni ellir dyfalu dim am bosibilrwydd perthynas rhyngddynt.

Erys ffaith arall i'w chofnodi o berthynas i'r gân, sef y gwyddai Ceiriog amdani ac am David Morgan fel y person a'i canai; hynny yn ystod y cyfnod 1865-70, mae'n debyg, pan oedd yn orsaf-feistr yn Llanidloes. Yn LLGC 10184D mae llythyr oddi wrth John Jones ('Idris Fychan', 1825-87) sy'n cynnwys y geiriau hyn:
> Cofus genych pan oeddwn yn Llanidloes i chwi fy nghymeryd i dŷ David Morgan y popty er ei glywed yn canu hen Alaw Gymreig, yn ôl eich tyb chwi, ac os ydych yn cofio cenais inau yr un alaw wedi i'r hen

GENTLE ONE, FAIR AS DAY

Gems of Welsh Melody, John Owen (Owain Alaw, 1873 ed.). The poetry of this love song, full of 17/18 century conventional imagery, is written in a style characteristic of the period with much consonantal assonance. The collector noted the song in 1873 in the market town of Llanidloes in Montgomeryshire from an informant who had learned the song from his mother. A close variant appeared at about the same time in another publication, *Ceinion y Gan*, but without any details as to date or provenance. According to Owain Alaw: 'This plaintive Melody is a good specimen of the Welsh Style, and was brought under the Editors notice, by Nicholas Bennett...' Nicholas Bennett was the co-editor of AfNg but surprisingly this tune was not included in either of the two volumes of that work. There is an interesting reference in NLW which suggests that 'Lloer dirion' is a version of an English tune, 'The wounded huzzar' (*sic*). The editors have not as yet seen a tune of that name; but if there is indeed a relationship, then either the English variant was in a Welsh style to begin with, or else it acquired strong Welsh characteristics. The style of the melody is certainly of an earlier period than the 19th century when it was collected: in its 48 bars, the song moves out of its limited range of six notes only half a dozen times, four times down to the lower dominant, and twice to the upper tonic. There is a good deal of note-doubling in the melody, a characteristic often found in *cerdd dant*, and the rhythm is frequently 'snapped' in the Welsh manner.

frawd ei chanu, yr hon alaw sydd yn hên
Alaw Seisnig o'r enw 'The Wounded
Huzzar'...

Dyma, yn wir, gymhlethu pethau ymhellach! Ar hyn o bryd ni ŵyr y golygyddion ddim am 'The Wounded Huzzar' ac felly ni wyddys faint o goel i'w gosod ar farn yr Idris.

Yn y cyfamser gellir awgrymu bod yr alaw, o ran ei harddull, yn perthyn, o bosibl, i gyfnod cynharach na'r bedwaredd ganrif ar bymtheg: yn yr wyth a deugain o farrau nid yw'n symud y tu allan i gylch gweddol gyfyng ei chwe nodyn fwy na hanner-dwsin o weithiau, pedair gwaith i'r llywydd o dan y tonydd, a dwywaith i'r tonydd uchaf. Ceir cryn dipyn o ddyblu nodau, nodwedd bur amlwg mewn canu penillion, a chipiadau rhythmig mynych, sydd eto yn beth eithaf cyffredin yn ein caneuon gwerin.

19. MWYNEN MERCH

CCAGC II:88-9. Codwyd yr alaw gan J. Lloyd Williams o ganu John Williams, Bangor, ond y mae'r un pennill a ganwyd ganddo ef yn gymysgedd o ddau bennill cyntaf y gerdd wreiddiol. Dyma bennill John Williams, fel yr argraffwyd ef, yn y cylchgrawn:

Y feinwen fain lawen fwyn lân
Ddiogan a diddan ei dydd
Er rhyfyg 'rwy'n cynnyg rhoi cân
I'r fwynlan a'r groenlan ei grudd.
Pe medrwn da clymwn dy glod,
Uchelglod waed hynod wyt ti.
A minnau sy'n dioddef bob dydd
Dyn gwastad dan gystudd
Ran benyw rwy beunydd yn bod
Yn tramwy'n ofnadwy fy nôd.

Barnwyd, fodd bynnag, mai gwell a fyddai cyhoeddi yma ddau bennill cyntaf y gerdd wreiddiol ac ychwanegu un pennill arall atynt: yn yr achos hwn, pennill olaf y gerdd chwe phennill honno. Fe'i cyfansoddwyd gan John Thomas (1757-1835), Penfforddwen, Sir Ddinbych, gŵr a anwyd ym mhlwyf Llannor, Sir Gaernarfon. Gwelir y gerdd, dan y pennawd 'Cwynfan Gwr ieuangc at ei gariad, i'w ganu ar y dôn, Mwynder Merch', yn ei gyfrol o gerddi *Telyn Arian* (c. 1800).

Cyhoeddwyd sawl amrywiad ar yr alaw mewn gwahanol ardaloedd yng Nghymru (ceir dadansoddiad ohonynt gan J. Lloyd Williams yn CCAGC II:88-101), y gynharaf wedi ei chodi o gasgliad Ifor Ceri. Ceir cryn amrywiaeth moddau arnynt: o'r saith fersiwn yn y

THE MAIDEN'S MELODY

JWFSS II:88-9. Noted by J. Lloyd Williams, first editor of JWFSS, from a Caernarfonshire postal inspector, probably in the early years of this century. Like No. 18 the words are in a kind of free *cynghanedd*, with much consonantal assonance, and the sentiments are characteristic of 18th century poetic conventions. Here is another case where the poet's name is known; the book containing this poem was published about 1800. However the melody may well be older for it is probable that the title is a tune name, rather than the title of the poem which, translated, reads: 'The Complaint of the Young Man to His Sweetheart to be sung to the tune, Mwynder Merch'. Numerous variants have been recorded of the melody in various parts of Wales (see JWFSS II:88-101 for an analysis of these by J. Lloyd Williams), the earliest being an example in Ifor Ceri's early 19th century collection. The mode varies considerably: of the seven variants noted under the name 'Mwynen Merch' in the Journal, four are in the minor, two in the major, and this one is in the dorian/re mode. It seems probable that some at least of the minor key versions from the last century may also have been in the dorian/re mode but were 'corrected' by the collectors. The characteristic rhythmic syncopation, or 'snap' is prominent in this variant, as in No. 18, though it is not found in earlier versions, and once again this may well be due to the notators trying to 'correct' and smooth out the rhythm. There is one other variant which was not published until 1953 and

Cylchgrawn mae pedair ohonynt yn y cywair lleiaf, dwy yn y cywair mwyaf, a'r un a argreffir yma, sydd yn y modd re. Y mae'n bosibl, hefyd, bod ambell un o'r rhai sydd yn y cywair lleiaf i'w chael yn wreiddiol yn y modd re, ond bod golygyddion a chasglwyr wedi mentro ei 'chywiro'. O berthynas i nodweddion yr alaw bresennol fe welir bod cipiadau rhythmig yn amlwg ynddi, fel gyda rhif 18, er nad yw hyn yn wir am amrywiadau cynharach ohoni; amrywiadau a lyfnhawyd ac a 'gywirwyd', efallai, gan gasglyddion.

Mae un amrywiad arall, nas cyhoeddwyd mohono hyd 1953, yn meddu ar rai nodweddion anghyffredin (gweler 'Ffarweliwch, rwy'n madel a'm gwlad', CCAGC IV:71). Yr addurno sy'n ddiddorol yma. Fel rheol, addurniadau eithaf syml a geir mewn caneuon gwerin Cymraeg; tueddir i'w cyfyngu i lithrenni syml a nodau camu. Hyn, yn wir, a welir yn amrywiad 1953, ar wahân i un enghraifft o felisma sy'n cynnwys naw nodyn, bron ar ddiwedd yr alaw. Dilynir hyn gydag ail-adrodd llinell olaf y pennill, nodwedd sy'n ddigon cyffredin yng nghanu gwerin Lloegr ond yn eithaf prin yn ein caneuon ni. Daw'r rheswm am hynny yn amlwg pan gymharwn yr amrywiad hwn â'r rhai cynharach: geilw'r alaw arferol am bennill deg llinell ond pennill wyth llinell a gawn yn amrywiad 1953, hynny'n peri bod y melisma a'r ail-adrodd yn anorfod.

though obviously related to the above tune has some unusual features. (See 'Ffarweliwch, rwy'n madel a'm gwlad', JWFSS IV:71). Ornamentation in Welsh folksong tends to confine itself to simple slurs and passing-tones, and that is true of the 1953 variant until just before the end when there is a melisma of nine notes. The final line of verse is then repeated, a common feature in English folksong but rare in Welsh. The reason becomes obvious when the latest variant is compared with the earlier versions: the melody is meant to encompass a ten-line verse but the 1953 version has only an eight-line verse, thus necessitating the melisma and the repeat.

20. 'OES YN Y TŶ 'MA?

CG6/1983:60. Dywedir i'r gân gael ei chasglu gan Grace Gwyneddon Davies o ganu Gilbert Williams, ac y mae lle da i gredu mai W. Gilbert Williams (1874-1966) oedd y gŵr dan sylw, prifathro Ysgol Rhostryfan o 1918 hyd at ei ymddeoliad yn 1935; hanesydd lleol a **anrhydeddwyd â gradd M.A. gan Brifysgol** Cymru am ei lafur yn y maes hwnnw.

Ceir amrywiad ar y gân hon yng nghasgliad Tal Griffith o ganeuon (gweler Llsgr. AWC 2811) ac fe'i cyhoeddwyd yn CG3/1980 o dan y teitl 'Yng nglan y môr mae gwin ar werth'. Gŵr o Lithfaen, Llŷn, a anwyd yn 1901, oedd Tal Griffith, cyfrifydd wrth ei waith a cherddor yn ei oriau hamdden a sefydlodd Gôr Glannau Erch, côr meibion yn arbenigo mewn canu trefniadau o ganeuon gwerin a hen gerddi. Nid yw fersiwn Tal Griffith, fodd bynnag, mor awgrymog ag un W. Gilbert Williams a dichon

IS THERE WINE FOR SALE IN THIS TAVERN?

CG6/1983:60. A dialogue song where a prospective customer inquires the price of wine, brandy and a pretty girl as sweet as sugar candy. The innkeeper answers that the wine and brandy are a shilling each but that the customer and the pretty girl must make their own bargain. The song was collected in North Wales, probably in the early years of this century when the Welsh Folk-Song Society was founded. The collector noted that the tune appeared to be a version of Barbara Allen, though the present editors feel that it is more closely related to one of 'The devil's nine questions' tunes. The words, too, have English relatives dating from the mid-18th century when Bonny Prince Charley was making his bid for the throne:

Over the water and over the lea,

mai'r awydd i barchuso tipyn ar gân werin sydd wrth wraidd y gwahaniaeth. Digon yw dyfynnu'r pennill cyntaf o dri yn fersiwn y gŵr o Lŷn i ddangos natur y 'diwygio':

Yng nglan y môr mae gwin ar werth,
Yng nglan y môr mae brandi,
Yng nglan y môr mae'r eneth lân
Sy'n meddwl am briodi.

Cofnododd Ceiriog yntau bennill perthnasol yn 'Hen Hwian-gerddi':

Oes, mae yma win ar werth,
Oes, mae yma frandi,
Oes, mae yma lodes lân,
Mor *sweet* â siwgwr candi.

Gall fod cysylltiad rhwng y pennill hwn â rhigwm Saesneg a oedd, yn ei dro, yn waddol o gerdd a gyfeiriai at 'Bonnie Prince Charley', cerdd y tybir ei bod yn barodi ar gân oedd yn gefnogol i'r tywysog hwnnw, ac a gyfansoddwyd yn 1748. Dyma'r rhigwm Seisnig:

Over the water and over the lea,
And over the water to Charley.
Charley loves good ale and wine,
And Charley loves good brandy,
And Charley loves a pretty girl
As sweet as sugar candy.

Ymddengys yn debygol bod benthyciad o'r Saesneg yn y gân bresennol ond y mae'r cydddestun Cymreig yn hollol wahanol i'r un Seisnig.

Tybiai Grace Gwyneddon Davies fod yr alaw hon yn debyg i alaw 'Barbara Allen' y Saeson ond gwêl y golygyddion presennol hi fel perthynas eithaf agos i un o alawon 'The Devil's Nine Questions'.

Cofnodwyd trydydd amrywiad o'r alaw sydd, fel y ddwy arall y cyfeiriwyd atynt eisoes, yn bentatonig o ran graddfa ac yn perthyn i'r un rhan o'n gwlad, sef y Gogledd-Orllewin. Erys un amrywiad arall: seiliedig ar ran gyntaf alaw 'Bugeilio'r Gwenith Gwyn' LLGC (J. Lloyd Williams 57).

21. PA LE MAE 'NGHARIAD I?

CCAGC III:137. Codwyd yr alaw a'r pennill cyntaf gan Soley Thomas, Llanidloes, o ganu crwydryn gerllaw gwaith mwyn Cwmystwyth. J. Lloyd Williams yw awdur y ddau arall a

And over the water to Charley.
Charley loves good ale and wine,
And Charley loves good brandy,
And Charley loves a pretty girl
As sweet as sugar candy.

At least two other variants of the above tune have been noted, in CG3/1980 and NLW (J. Lloyd Williams MS 124). Like the above tune, they are pentatonic and come from the same general area in Northwest Wales. There is, however, an important difference in the words: whereas the above version makes it clear that the relationship between the customer and the pretty girl is a business one, the others are more 'respectable' and the girl has marriage in mind. One other tune exists to the Welsh verses in NLW (J. Lloyd Williams MS 57) but it is a version of the first half of a South Wales tune, 'Bugeilio'r gwenith gwyn'.

WHERE IS MY SWEETHEART?

JWFSS III:137. The first verse of this song, collected from the singing of a tramp near the Cwmystwyth lead mines in Cardiganshire, tells of the lover who waits for his sweetheart and

nodwyd hynny'n eglur pan argraffwyd y gân yn UNAC, 1937-38. Tybed ai ar gyfer y detholiad hwn y cyfansoddodd J. Lloyd Williams ei benillion? A thybed o b'le daeth yr awgrym iddo bod y ferch wedi marw ac mai ofer oedd i'w charwr holi yn ei chylch: awgrym a ddatblygwyd mor grefftus ganddo? Dichon bod yr ateb i'r ail gwestiwn i'w gael yn y rhifyn dan sylw o'r Cylchgrawn.

Arferai'r golygydd anfon copïau o'r caneuon a fwriadai eu cyhoeddi at nifer o gerddorion yng Nghymru a Lloegr, gan ofyn am eu sylwadau arnynt. Un o'r rhain oedd Anne G. Gilchrist ac yn ei sylwadau hi ar y gân fach hon cyfeiria at ddryll o gân Aeleg, o Ynys Skye, lle mae'r carwr yn annerch ei gariad, tra'n gwrando wrth y ffenestr am sŵn ei hanadl neu sain ei llais, heb wybod ei bod yn farw. Yn 1937 y cyhoeddwyd y rhifyn hwn o'r Cylchgrawn.

Ni phriodolwyd awduraeth y geiriau i J. Lloyd Williams yn *Ail Gasgliad o Ganeuon Gwerin Cymru* (trefnwyd gan W. Hubert Davies), 1946, ac yn rhyfedd iawn, pan oedd W.S. Gwynn Williams yn cyhoeddi ei *Un ar ddeg o Ganeuon Gwerin Cymru* yn 1958, trodd ef am bennill ychwanegol at John Eilian. Yn CTC II atgynhyrchir y gân yn union fel y cyhoeddwyd hi yn y cylchgrawn. Mae'r alaw yn y modd la.

cannot understand why she is so late. The second and third verses, which make it plain that the girl has not appeared because she has died, suit the folk idiom perfectly but are not traditional. They were added by J. Lloyd Williams to fill out the song for general use and the theme may have been suggested by Anne G. Gilchrist. As editor of the Journal, J. Lloyd Williams was in the habit of sending songs to be included to various musicians in Wales and England for their comments which were then incorporated in the notes on the song. Miss Gilchrist compared the above song to a Gaelic fragment where the girl has failed to keep her tryst and the lover stands outside the window listening 'for the sound of her voice or gentle breathing, not knowing that she is dead'. That comment was in the 1937 issue and in the same year the Welsh song was published in UNAC with the additional verses by J. Lloyd Williams. Later publications did not always attribute the additional verses to their author, and indeed when the song was published in *Un ar ddeg o Ganeuon Gwerin Cymru* in 1958 the editor turned to a different poet to complete the song.

The melody is in the aeolian/la mode and the metre is iambic.

22. PAN OWN Y GWANWYN

ANAGM: 20-1. Yn ei nodyn cefndirol byr i'r gân hon dywed Maria Jane Williams bod yr alaw yn boblogaidd iawn a bod y geiriau (y pennill cyntaf yn unig oedd ganddi mewn golwg) yn rhan o gân fugeiliol — 'pastoral' yw ei gair hi. Yn anffodus nid yw'n dweud rhagor am eu tarddiad. Lluniwyd yr ail bennill yn arbennig ar gyfer y gyfrol hon.

Dengys Daniel Huws, mewn astudiaeth o ganeuon ANAGM nas cyhoeddwyd hyd yma, i Maria Jane Williams olygu y geiriau a'r alawon yn ofalus mewn cais i'w gwneud yn dderbyniol i chwaeth y gynulleidfa ddethol oedd ganddi mewn golwg. Cyflwynwyd y gyfrol, a gyhoeddwyd yn 1844, i'r Frenhines Fictoria. Yn wyneb hyn mae'n syndod bod yn agos i ugain y cant o'r caneuon yn y modd re, neu â goslef y modd hwnnw ganddynt, gyda'r alaw bresennol yn eu mysg; hynny o ystyried bod tuedd gref yng nghasglwyr a golygyddion y cyfnod i 'gywiro' unrhyw alawon modd re a ddeuai i'w dwylo. Perthyn yr alaw hyfryd hon i deulu alawol 'Diniweidrwydd', enw sy'n mynd yn ôl hyd

WHEN I WAS IN SPRINGTIME

ANAGM: 20-1. A shepherd's song praising his sweetheart's beauty. In her brief background note, Maria Jane Williams states: 'This melody is very popular; the words are part of a pastoral song.' Unfortunately she gives no other particulars, nor does she include the remaining verses of the 'pastoral song'. The second verse here given was written especially for the present volume.

Daniel Huws in an as yet unpublished study of ANAGM makes it clear that after collecting the folksongs in her pioneering volume, MJW was careful to edit both words and music to suit the educated taste of the period. The book was published in 1844 and permission had been obtained to dedicate the work to Queen Victoria. In view of this it is remarkable that almost one fifth of the songs are in the dorian/re mode, including the example given above, or have strong dorian inflections, and this at a time when most other collectors were busily 'correcting' any dorian songs they obtained. The tune is a variant of the most familiar of the tunes which

ddechrau'r ddeunawfed ganrif, o leiaf, ond a ddaeth dros y blynyddoedd yn enw ar fydr cerdd yn hytrach nag ar alaw benodol. Fel mwyafrif y caneuon a geir yn ANAGM mae cryn addurno ar ei halaw a chadwyd yr addurniadau hynny yma.

go by the name of 'Diniweidrwydd'; the name goes back at least to the beginning of the 18th century but by now it has come to denote a metre rather than a particular melody. Like the vast majority of the ANAGM songs this one is heavily ornamented and the ornaments have been retained in this volume.

23. PHILOMELA

CCAGC III:81. Codwyd hon i'r Cylchgrawn o M-SC I, Rhan 2, Rhif 42. Ymddengys i Ifor Ceri ei hun ei chasglu: 'J.J. Deheubarth' yw'r nodyn a gysylltir â hi. Cynigir teitl arall ar yr alaw hefyd sef 'William a Susan' ac ar waelod yr un pennill a gynhwysir ar y dudalen, ychwanegir hyn: 'Vid. Carolau a Dyriau Duwiol Page 327.'

Casglwyd ynghyd gynnwys y gyfrol benodol honno gan Thomas Jones (1648?-1713), gyda chynnwys ynddi yn ogystal gerddi a argraffwyd yn gynharach, yn 1686, yn *Cerddlyfr* Foulke Owen, Nantglyn. Cyhoeddwyd y cyfan gan yr Almanaciwr yn 1696. Ynddi y mae cerdd gan Siôn Llwyd ag iddi bennawd nodweddiadol faith:

Dirifau (dan rith Breuddwyd) yn cyffelybu Calon dyn i Dwr neu Gastell; a Ffydd, Gobaith, a Chariad i Filwyr yn ei chadw hi; ar Byd ar Cnawd ar Cythraul yw eu Gelynion yn ymladd yn eu herbyn.

Dyma'i phennill cyntaf: dyfynnir o'r pedwerydd argraffiad (1745):

Pan oedd y *Philomela* fain,
Yn cwafrio yn pyngcio ar y Drain,
Ceiliog Bronfraith, Mwyalch mwyn,
Yn cyttuno dan y Llwyn,
Ar du *Orpheus* a rodd gri   Telyniwr
Oedd yn canu lwli i mi.

Mae'n annhebyg iawn i Ifor Ceri glywed unrhyw un yn canu'r geiriau hyn ond yn ddigon tebygol mai ef biau'r teitl 'Philomela' ac iddo ei godi o'r llinell gyntaf. Yng ngoleuni hyn, efallai, y mae inni ddeall arwyddocâd cyfeirio at y teitl arall, 'William a Susan'. Dichon i Ifor Ceri fethu â dod o hyd i gerdd yn sôn am y ddau gymeriad hyn; ped amgen, geiriau honno a fyddem wedi eu cael ganddo. Yr oedd un felly ar gael, hynny ar daflen-faled a gyhoeddwyd yn 1785, ac o edrych ar y copi ohoni sydd ar gael heddiw yng nghasgliad baledi y Llyfrgell Genedlaethol mae'n amlwg y gellid ei chanu'n rhwydd ar yr alaw bresennol. Ond, fel yr awgrymwyd, ni wyddai Ifor Ceri amdani. Gwyddai, serch hynny, am gynnwys cyfrol Thomas Jones a gwelodd bod cerdd Sion Llwyd yn gorwedd yn esmwyth ar

PHILOMELA

JWFSS III:81. The example printed in the Journal was taken from Ifor Ceri's collection M-SC Vol. I, Part 2. No. 42 (see also in this volume Nos. 6 and 7) where it is called 'Philomela or William and Susan' and although a number of the songs in it were collected for him by others, the note with the title suggests that he collected this himself somewhere in Southwest Wales. The verse that he quotes comes from a long moralistic poem published at the end of the 17th century, which describes man's heart as a castle guarded by faith hope and charity against the world, the flesh and the devil. The first verse, however, is a lyrical description of birds, including Philomela, singing a lullaby. It is probable that Ifor Ceri took the title from that verse but it is doubtful whether he actually heard those words being sung. It seems more likely that his informant called the song 'William and Susan' and that the collector, having failed to find those words, took words that would fit the metre (not a common one in Welsh folksong) and called the song after them. It should be noted that one of Ifor Ceri's chief purposes in gathering his collection was to find the tunes which the Welsh bards had used to frame their verses. All too frequently there is no surety what words he actually heard sung, or indeed if he heard any words at all. There is, however, a ballad published in 1785 which is described as a conversation between Susan and William to be sung on a tune translated as 'King William's Conceit a new way' in a metre which will fit the M-SC tune. One other version of the above tune is noted in the Journal from AfNg where it bears the title, 'Susan and William'. It is a close variant of 'Philomela' but since there are never any particulars of origin in AfNg it is not known where the editors found it. Almost certainly the ballad words were sung to it since they fit, with the addition of an occasional anacrusis.

alaw 'William a Susan'.

Cofier mai un o amcanion penodol Ifor Ceri oedd ceisio darganfod yr alawon hynny y lluniai'r beirdd Cymraeg eu cerddi arnynt. O ganlyniad, ni allwn fod yn sicr, yn aml, pa eiriau a glywodd ef yn cael eu canu ar yr alawon a gofnodwyd ganddo nac, yn wir, ei fod wedi clywed unrhyw eiriau o gwbl yn cael eu canu ar nifer ohonynt.

Ceir deunaw pennill yng ngherdd Sion Llwyd. Fel y gwelsom, pennill cyntaf y gerdd yn unig a ddewiswyd gan Ifor Ceri a'r tebygrwydd yw mai J. Lloyd Williams a ddewisodd y pennill arall a geir yma; pedwerydd pennill y gerdd wreiddiol. Y canlyniad yw bod gennym gân fer, bellach, sy'n dra gwahanol ei naws i gân Sion Llwyd, a chymryd honno drwodd a thro. Felly y caed 'cân serch' o grombil 'cân foesol'!

Mae amrywiad ar yr alaw bresennol, hynny dan y pennawd 'Susan and William', i'w gael yn AfNg ond gan nad yw golygyddion honno yn rhoi unrhyw fanylion cefndirol am yr alawon a gynhwysir ynddi ni wyddys a genid yr alaw hon gyda geiriau baled 1785. Gellir gwneud hynny yn rhwydd ddigon trwy ychwanegu ambell anacrwsis.

24. RHODIO ROEDDWN INNA

Dysgodd Meredydd Evans y gân fach hon oddi wrth ei fam yn nauddegau'r ganrif bresennol a'r tebyg yw iddi hi ei chodi ar lafar pan yn ferch ifanc yn Llanegryn yn negawd olaf y ganrif ddiwethaf. Fe'i ganwyd yn 1881. Mae'r alaw yn ffurf ar ran gyntaf 'Y Gog Lwydlas' (CCAGC II:273) ond y mae lle i gredu bod y geiriau yn anghyflawn.

Cafwyd dau amrywiad ar y geiriau yn ddiweddarach; y naill o ardal Sarn Mellteyrn yn Llŷn a'r llall o fro Llanrhaeadr-ym-Mochnant, Maldwyn; i'w canu ar alaw wahanol i'r un a geir yma. Daeth y geiriau o Lŷn i law D. Roy Saer, yn Amgueddfa Werin Cymru, oddi wrth Caradog Jones, Mynytho, a'u casglodd oddi wrth nifer o gantorion yn ardal Sarn, hynny tua 1972/3. Y pennawd a osodwyd iddynt oedd 'Cân Plas Newydd':

Pan oeddwn yn myned
    ddydd Sadwrn brynhawn
Heibio'r Plas Newydd
    a'r lloer oedd yn llawn,
Canfyddais ferch ifanc
    a llanc yn ei llaw

AS I WAS WALKING

Meredydd Evans heard this song sung by his mother who had learned it from a farm-worker in southern Merionethshire during the closing years of the last century. The tune she sang it to is the last half of 'Clychau Rhiwabon', a popular ballad and carol tune which was known in the 18th century (see *Canu'r Cymry I*: 45 for an example of the complete tune). It has been noted in JWFSS II:273 but with different words and yoked to another scrap of song in a different mode. By comparing Charlotte Evans' song with other variants it becomes apparent that the words are incomplete. As she sang them, there are three people involved: an onlooker sees a young couple going into a grove and warns the girl that it is the wrong time of year to go nutting. But the young people do not listen and within nine months the girl is expecting a baby and the boy's passion has cooled. Other verses collected from oral tradition have a more graphic description of the girl's plight; she goes to her aunt's house (in another version, to the doctor) with her hand under her apron and her belly swollen almost up to her nose. She buys whalebone stays, and laces

Yn myned trwy'r goedwig
    i mochel y glaw.

Beth ydych chwi'n wneyd yma
    a dim ond chwi'ch dau;
Nid ydyw hi yn amser
    i hel y cnau;
Mae'r gwenyn bach heb hedeg
    a'r defaid heb ŵyn;
O gwylia'r lân ferch ifanc —
    gan bwy y cei di gŵyn.

Ond cyn pen y nawmis
    fe glwyfodd y ferch
Hi gafodd ei dewis
    o wrthrych ei serch;
Fe aeth at y meddyg
    i adrodd ei chŵyn
Ei llaw o dan ei ffedog
    a'i bol hyd at ei thrwyn.

Yn ystod 1964 y derbyniodd Meredydd Evans y geiriau o Faldwyn, hynny oddi wrth Penri Jones, ar y pryd yn fyfyriwr ond, erbyn hyn, yn brifathro ar un o ysgolion Maldwyn. Casglodd ef hwy o ganu Marshall Howell a oedd, tua'r adeg hynny, yn 82 mlwydd oed:

Rhodio mi roeddwn ddydd Sadwrn y pnawn
O amgylch y llwyni yn ochol y glaw.

Mi dares ar lanc ifanc a merch yn ei law
O amgylch y llwyni yn ochol y glaw.

Mae'r gwenyn heb hedeg, mae'r defed heb ŵyn,
Cofia di'r ferch ifanc o lle gei di gŵyn.

Mi af i'w tŷ modryb i ddwedyd ei chŵyn
A'i llaw dan ei ffedog a'i bol at ei thrwyn.

Mi brynodd staes walbon a'i lasio'i yn dynn
Gan feddwl mewn difri na chode'i bol hi ddim.

I lasio'i yn y borau a'i llacio'i prydnawn
Fy mol sydd yn codi Ow Ow beth a wnawn.

25. RHYBUDD I'R CARWR

FWTT:58-9. Dywedir i hon gael ei chasglu gan J. Phillips, Llanrhystyd. Perthyn, o ran ei geiriau, i deulu'r caneuon curo ffenestr, — 'streicio' yw gair Môn am yr hen arfer

A WARNING TO THE LOVER

FWTT:58-9. A Cardiganshire night-visit song with a difference. In this case the lover taps at the window but is warned off by the song which tells him to go away. 'The baby is fretful, the them tightly, hoping that they will keep her belly from swelling. 'Lacing the stays in the morning, loosening them by afternoon, my belly is still swelling, oh what shall I do?'

carwriaethol hwnnw. A diddorol yw sylwi bod rhai o'r geiriau hyn wedi crwydro i hwiangerdd a gofnodwyd gan J. Lloyd Williams, yn ardal Sarn Mellteyrn, Llŷn. Wele ddau gwpled o 'Si hei lwli 'mabi':

Mae'r llong yn mynd i ffwrdd;
Mae'r capten ar y bwrdd.

Y gwynt o'r dwyrain chwyth;
Mae'r wylan ar ei nyth.

Ynteu ai fel arall y bu hi? Efallai. Ceir y cwpled cyntaf ar ei ben ei hun yn H.

Ond y mae'n werth sylwi ar un ffaith arall sy'n tueddu i gadarnhau'r dybiaeth gyntaf. Mae thema'r carwr a'r wraig anffyddlon sy'n ei rybuddio ar gân nad yw'r ffordd yn rhydd iddo ddod i'r tŷ, ar gael yng nghaneuon gwerin gwledydd eraill, e.e., Lloegr a Sbaen. Yn wir, digwydd cwpled cyffelyb i'r ail uchod yn y caneuon Seisnig. Dyma bennill perthnasol:

Begone, begone, my Willy, my Billy,
Begone, my love and my dear.
Oh, the wind is in the west
And the cuckoo's in his nest,
And you cannot have a lodging here.

Gall y sawl sydd am ddilyn hyn ymhellach droi at *Folk Song in England* A.L. Lloyd (Panther Arts, 1967, tt.190-3).

26. SIANTI GYMRAEG

CG2/1979:46-7. Gweler nodyn cefndirol gweddol fanwl arni yn y rhifyn dan sylw o CG, tt.47-8, gan un o olygyddion y gyfrol hon. Dywedir yno i'r geiriau gael eu codi o lawysgrif yn Llyfrgell Coleg y Brifysgol, Bangor (Bangor MSS 4171-4173) lle'u cynhwyswyd o dan y pennawd 'Capstan shanty from Bangor to Boston slate ships'. Hyd y gwyddys dyma'r unig dystiolaeth ysgrifenedig i fodolaeth cân-waith forwrol yn Gymraeg; ac felly y safai pethau yn 1961. Y pryd hynny ni ellid ond dyfalu, oddi wrth eiriau'r cytgan, ar ba alaw y cenid hwynt ond, yn ddiweddarach, cafwyd tystiolaeth lafar bendant yn cadarnhau y dyfaliad. Ar raglen radio a ddarlledwyd yn ystod y flwyddyn 1975 clywyd J.F. Owen, Caer, yn canu pennill a chytgan a ddefnyddid ganddo ef a llongwyr eraill ar fwrdd y 'Blodwen' (un o longau hwyliau Porthmadog) wrth dynnu rhaff ar hyd y dec: dyma bennill olaf

father is asleep and so there's no room for you; the ship has left without the captain on board, the wind blows from the horizon, the crow is on its nest, and so there's no room for you'. A variant of the words is found in a North Wales lullaby which translated says: 'The ship is leaving with the captain on board; the wind blows from the east and the gull is on its nest.' However the theme of the unfaithful wife who warns the importunate lover to go away is by no means confined to Welsh folksong. Compare the Welsh words with the following English verse:

Begone, begone, my Willy, my Billy,
Begone, my love and my dear.
Oh, the wind is in the west
And the cuckoo's in his nest,
And you cannot have a lodging here.

In Spain, as in Wales, the lover's warning also exists as an actual lullaby which veils the import of the song by pretending to be sung to the baby. For a further discussion of the theme see A.L. Lloyd's *'Folk Song in England'* (Panther Arts, 1967:pp.190-3).

A WELSH SHANTY

CG2/1979:46-7. Meredydd Evans first heard the tune sung by his mother who had learned the song with its macaronic chorus from a farmworker in southern Merionethshire at the close of the last century. The words she sang were comic verses with an agricultural background. Some 40 years later he came across a Welsh text entitled 'Capstan shanty from Bangor to Boston slate ships' in the same metre and with the same macaronic burden. Some 14 years after that, in 1975, he heard on the radio a Welsh sailor singing a verse and chorus of a shanty which was used on the Welsh sailing ship, the 'Blodwen', for pulling ropes on the deck and in that song were united Charlotte Evans' tune and a verse from the shanty. Other verses then came to light, but all were distinguished by the same macaronic burden. The simple tune with its six-note compass is a variant of the first half of a melody

y gân a argreffir yma, ac ar yr alaw ddyfaledig y canwyd o gan J. F. Owen.

Wedi hynny cafwyd gafael ar benillion ychwanegol o Ynys Môn ac o Ben Llŷn, y cyfan ohonynt yn gysylltiedig â ffurf ar y cytgan a argreffir yma. Daeth y geiriau o Fôn i law trwy garedigrwydd Bedwyr Lewis Jones (arferai ei dad eu canu; bu'n morio ar un adeg yn ei fywyd) ac anfonwyd y geiriau o Lŷn i eisteddfod a gynhaliwyd, o bosibl, yn Rhiw, Aberdaron, yn 1916, lle cynigiwyd gwobr gan R.H. Evans am y casgliad gorau o alawon gwerin o gylch Rhiw: galwai'r enillydd ei hun yn 'Brawd o Langwnadl'. Wele benillion Môn:

Mae'r Borth yn llawn o longa
O'r *watch-house* i'r Boldon
A'r *Emma* wnaeth ei ffortiwn
Ar ôl y fordaith hon:
    So happy we are all, my boys...

A fynta'r *Harbour Master*
A'i lantar wrth ei glun
Yn gweiddi ar y capteiniaid
Ddyfod fesul un ac un.

Pe cawn i gant o gathod
A'r rheiny i gyd 'run wedd
Mi boenwn Twm Tŷ Canol
O'i fywyd hyd ei fedd.

O dan y pennawd 'Ffarwel i Aberdaron' y ceir y geiriau o Lŷn ac fe'u codwyd yma o LLGC (J. Lloyd Williams 115). Sylwer bod y cytgan beth yn wahanol:

Ffarwel i Aberdaron
Ffarwel i Bortinlleyn
Ffarwel i Ynys Enlli
A'r sianel fawr o'n blaen:

So Happy New Year to you all my boys
Happy New Year to you all,
Gobeithio cawn ni eto gwrdd
Ar lannau Cymru'n ol.

A gadael Ynys Seiriol
Am wlad y Negro Du
A dyna'r olwg ddiwetha
Ar Gymru welais i.

Dydd Llun dydd Mawrth dydd Mercher
A phaid a bod yn groes
Cawn dipyn bach o driog
A thipin bach o does.

known throughout Europe and beyond. In France it is called 'Ah! vous dirai-je, maman' and in England 'Baa baa black sheep'.

A theisen o gig ceffyl
Fu'n cerdded ar yr allt
A hwnnw fel pren derw
Yn wydn ac yn hallt.

Fersiwn yw'r alaw syml a argreffir yma o hanner cyntaf alaw sy'n adnabyddus trwy Ewrob gyfan, a thuhwnt. Yn Ffrainc yr enw arni yw 'Ah! vous dirai-je maman'; yn Lloegr fe'i hadwaenir fel 'Baa baa black sheep'.

27. WIL A'I FAM

Daw'r alaw o *Y Caniedydd Cymreig: The Cambrian Minstrel* (1845) a gyhoeddwyd gan John Thomas ('Ieuan Ddu', 1795-1871). Yno fe'i ceir o dan yr union bennawd 'Wil a'i Fam', ond, yn ôl arfer Ieuan Ddu, cyfansoddodd ei eiriau ei hun ar ei chyfer. Gwyddys, serch hynny, iddo ei chodi ar lafar. Pa eiriau, felly, a glywodd eu canu ar yr alaw?

Cafwyd pen llinyn ar hyn yn M-SC. Yno cynhwysodd Ifor Ceri alaw gyda'r pennawd 'Wil a'i Fam' ac o dan nodau y ddau far cyntaf ynddi ceir y geiriau: ''Rwyt gwedi'm boddio gyda budd'. Ymhellach, o gymharu'r ddwy alaw â'i gilydd, gwelir eu bod yn perthyn i'r un teulu. Y broblem, bellach, oedd darganfod cerdd yn cynnwys sgwrs rhwng Wil a'i fam a gweld beth oedd geiriau agoriadol honno. Yr oedd un felly ar gael, yn agor gyda'r union eiriau dan sylw, yn *Blwch o Bleser i Ieuenctyd Cymru* (1816), hynny o dan y pennawd 'Ymddiddan digrif rhwng Wil a'i fam yng nghylch ei gariad' a diamau mai rhyw ffurf ar y gerdd hon a glywodd Ieuan Ddu yn cael ei chanu. Mae'n debyg hefyd mai ffurf Gymraeg yw hi ar 'Billie Boy' a oedd, yn ei thro, yn barodi ar yr hen faled 'Lord Randal' (a adwaenwn ni yng Nghymru fel 'Mab annwyl dy fam').

Cyhoeddir y gerdd 'Wil a'i Fam' yn gyflawn yma fel y gwelir hi yn argraffiad 1869 o'r *Blwch o Bleser*. Ni chysylltir enw'r awdur â hi yn y gyfrol honno ond ceir y geiriau 'vide Gwilym Morganwg's copy' uwchben yr alaw yn llawysgrif Ifor Ceri. Tybed, felly, ai Gwilym Morganwg oedd awdur y gerdd, ynteu a oedd Ifor Ceri wedi digwydd benthyca copi Gwilym o'r *Blwch* dros dro? Yn anffodus, nid yw'r gerdd ar gael yn *Awen y Maen Chwyf*, Gwilym Morganwg, ac yn argraffiad cyntaf *Blwch o Bleser* yr hyn a geir ar waelod y gerdd, wedi ei sillafu'n anghywir, yw 'Annon'!

WILL AND HIS MOTHER

The Cambrian Minstrel (1845). This dialogue song which was collected in the last century in South Wales appears to be a version of the parody on 'Lord Randal' known as 'Billie Boy'. However it is not a direct translation; the metre is different and there is no repetition of the son's name at the end of the line of verse. But the pattern is the familiar one of doubting questions from the mother and reassuring answers from the son regarding the housewifely abilities of his chosen bride. The Welsh words noted in the above version have been taken from other sources. *The Cambrian Minstrel*, although a valuable collection for a number of reasons, has one serious drawback: the editor did not print any of the words he noted from oral tradition but instead wrote his own. Fortunately Ifor Ceri had also noted a version of the tune in M-SC and has included one line of the words which had been published in 1816. This was not the only variant he heard; in another manuscript in NLW Ifor Ceri notes a related version, with the title but without words. All of these are melodically related and are in the minor. It is interesting to note that Bertrand Bronson in his study of the tunes to the Child Ballads states that the English and American variants of 'Billie Boy' are without exception in the major. Only one of the Welsh examples is in the major, and that is a set published in a Welsh music magazine in 1911; the tune is not characteristically Welsh, having a wide compass of 12 tones. It was noted from the music manuscript of a South Walian living in the United States.

Cynnwys M-SC amrywiad arall ar yr alaw, o dan yr un pennawd. Mae hon, hithau, fel y ddwy y cyfeiriwyd atynt yn barod, yn y cywair lleiaf a diddorol yw sylwi bod Bertrand Bronson yn ei astudiaeth o'r alawon cysylltiedig â'r Child Ballads yn datgan bod holl fersiynau Seisnig ac Americanaidd 'Billie Boy' yn y cywair mwyaf. Ond y mae un alaw arall yn dwyn y teitl 'Wil a'i Fam' sydd yn y cywair mwyaf, eithr heb fod ag unrhyw berthynas melodig rhyngddi â gweddill y rhai Cymraeg. Fe'i cyhoeddwyd yn *Y Cerddor*, Cyf. XXII, Ionawr 1911, t.2 a daeth David Jenkins, un o olygyddion y cylchgrawn hwnnw, o hyd iddi, gyda nifer o alawon eraill, mewn llawysgrif a berthynai i Lewis Anthony, un o Gymry Wilkesbarre, Pennsylvania, U.D.A., ond gŵr yn wreiddiol o Sir Gaerfyrddin. Nid ymddengys yr alaw hon yn nodweddiadol Gymreig; anghyffredin iawn, yn ein halawon ni, yw cael cwmpawd o 12 nodyn, fel sydd yma. Nid oes eiriau yn gysylltiedig â hon chwaith.

28. Y DERYN DU PIGFELYN

ANAGM:12-13. 'Very commonly sung in South Wales' yw sylw swta Maria Jane Williams. Mae'r pennill cyntaf, yn ei hanfod, yn draddodiadol ond ymddengys mai Taliesin ab Iolo yw awdur yr ail un. Daeth y trydydd pennill i law oddi wrth Eleanor Miles Richards, Lluest Wen, Caerffili, ac fe'i gwelwyd ganddi hi yn un o golofnau Tom Jones, Trealaw, yn *Y Darian*, rywbryd yn y dauddegau. Ceir amrywiad arall ar yr un pennill yn PT:

Y deryn du pigfelyn, a ei di drosta' i'n dal
Oddiyma i Ynys Forgan a disgyn ar y wal,
A dweyd yn fwyn wrth Gweno am ddod i'r
    ma's yn bost,
Fod ar ei charwr llawen eisiau 'i gweld yn
    dost?

Ceir y berthynas felodig agosaf i'r alaw hon yn M-SC lle gelwir hi gan Ifor Ceri 'Bechgyn Sir Aberteifi'. Ond y mae gwahaniaethau diddorol rhyngddynt. Mae ystod o unarddeg nodyn i'r 'Deryn du pigfelyn', sydd yn ehangach na'r cyffredin yng nghaneuon gwerin Cymru: ystod o naw nodyn sydd i'r alaw yn M-SC. Yn yr alaw bresennol mae chwe addurn: nid oes ond un yn alaw M-SC. Mae ystod eang a mynych addurno yn bur nodweddiadol o'r caneuon yn ANAGM, ond nid o'n caneuon yn gyffredinol.

THE YELLOW-BEAKED BLACKBIRD

ANAGM:12-13. 'Very commonly sung in South Wales' is Maria Jane Williams' comment on this song, and this is borne, out by variants of both words and music which have been collected in that area. The closest melodic variant is found in M-SC where Ifor Ceri calls it 'Bechgyn Sir Aberteifi' (Cardiganshire Lads). The two tunes are clearly related but the differences are interesting. The ANAGM version like the majority of songs in that volume, has a compass which is wider than is usual in Welsh folksongs, the M-SC example has a medium compass. The ANAGM tune has six ornaments; the M-SC version only one. The wide compass and heavy ornamentation are characteristic of the tunes in ANAGM but not of Welsh tunes in general and it seems likely that these were characteristics added by the editor to make the tunes more interesting musically. On the other hand, the flat 7th in the second bar, though not very common in Welsh folksong, is also present in the M-SC version.

Y tebyg yw, fel yr awgrymwyd yn barod, mai arwydd yw hyn o gais gan Maria Jane Williams i wneud yr alawon yn fwy diddorol i chwaeth gerddorol ei chynulleidfa.

29. Y DDAU FARCH

LLGC (J. Lloyd Williams 116). Mae'n bosibl mai gŵr o'r enw James Davies (ai o ardal Pencader yn wreiddiol?) a anfonodd yr alaw i J. Lloyd Williams ond y ffynhonnell sylfaenol oedd Cynon Evans, Abercynon, Morgannwg: 'ar ôl ei dad o Gwmystwyth', yn ôl y llawysgrif.

Gan mai 'Y Ddau Farch' yw'r teitl a roir iddi yno, ac nad oedd geiriau eraill yn gysylltiedig â hi, cynigiwyd yn CG6/1983:61 mabwysiadu'r penillion a gysylltir â hi yn CCAGC 1:146. Ond y gwir yw mai detholiad yw'r pedwar pennill hwnnw, yn ei dro, o gerdd sy'n llawer hwy a gellir gweld honno yn ei chyfanrwydd yn *Cymru* I:84 (1891). Cerdd dafodeithiol yw hi, yn un o dafodieithoedd y De, ag iddi unarddeg pennill. Ni wyddys sut y cafodd O.M. Edwards afael ar y geiriau i'w cyhoeddi yn ei gylchgrawn; yr unig beth a ddywedir yno ynghylch y gân ei hun yw i'r 'dôn' gael ei '(h)ysgrifennu' gan Morris E. Morris, Pant Saer, Llanuwchllyn; ond o ystyried y dafodiaith go brin mai Morris E. Morris a gofnododd y rheiny.

Yn y modd re y mae'r alaw hon ac felly hefyd yr un a gyhoeddwyd yn *Cymru*. Arwyddocâd arbennig yr olaf yw ei bod yn cyfiawnhau canu'r geiriau ar yr alaw bresennol; mae'r ddwy yn perthyn yn agos iawn i'w gilydd. Ceir alaw arall yn dwyn yr un enw ac o fewn yr un modd, sef re, a godwyd gan J. Lloyd Williams o ganu Telynor Mawddwy, ond mae'n alaw hollol wahanol i'r ddwy gyntaf. Gwahanol eto yw yr un y cyfeiriwyd ati'n gynharach ac a gyhoeddwyd yn CCAGC I:146: ymhellach, mae honno yn y cywair mwyaf.

30. Y GWYDR GLAS

CG3/1980:29-30. Fe'i codwyd i'r rhifyn hwn o Lsgr. AWC 2811 ac yn ei droednodyn i'r ffurf hon ar gân hynod o boblogaidd dywed Tal Griffith:
> Canwyd i mi gan fy nghyfaill Robert Griffith, Trefgraig Bach, Rhoshirwaen ar yr heol ym Mhwllheli. (Yna, mewn ychwanegiad gan Euronwy Karlsen, merch

THE TWO STEEDS

CG6/1983:61. This dorian/re mode tune appears in Tonic Sol-fa notation in NLW (J. Lloyd Williams MS 116). The MS has 'W.F.S. awaiting publication' written at the top and the note gives a Cardiganshire origin. No words were noted; but the title, 'Y ddau farch', and the existence of a major mode Cardiganshire tune of the same name (JWFSS I:146), which includes the words coupled with a nonsense refrain, gave a clue as to the way it might have been sung. The conjectural setting published in CG6 was confirmed by the later discovery of a melodic variant, also in the dorian, printed with 11 verses of the ballad of the two steeds which included a nonsense refrain. All three of these tunes were collected in South Wales. Another dorian tune to the ballad was collected from a North Wales harper in 1911 (JWFSS I:211); although it too appears without words, the form suggests that the verse was sung without interpolated refrains and was followed by a burden.

The dorian settings seem to suit the bitterness of the words; in the ballad an old horse is overheard telling a strong, young horse how badly he has been treated since he became old and lame. The words are in a traditional Welsh metre, the *triban*.

THE WINDOW-PANE

CG3/1980:29-30. The song was taken from a folksong collection made by a North Walian chartered accountant who conducted during the 1940s and 50s a small male-voice choir which sang in local concerts and radio broadcasts. The 41 songs in the collection range from concert songs to ballads and include a number of folk-songs from Northwest Wales. The three verses

Tal Griffith: 'Hefyd — gan J.C. Parry, Brynteg P.O., Sir Fon — canwyd iddo gan ei fam ar ôl ei mam hithau — gan leiaf tua 1867').

Cysylltir y pennill â chymaint ag wyth o alawon, rhai ohonynt yn ymdebygu i alawon Seisnig megis 'Grim King of the Ghosts' a 'Sweet Polly Oliver'. Gydag eithrio un, casglwyd yr holl ganeuon Cymraeg yng Ngogledd Cymru.

noted in the manuscript are from the vast stock of disconnected stanzas in Welsh, and all three verses can be found attached to other stanzas and to other tunes. The first verse does not seem to be part of a longer ballad, and in fact the story is encapsulated in a single stanza wherein the girl asks that if her sweetheart comes tapping at the window that night he should be told, kindly and not harshly, that she has been taken away by a lad from another village. The verse can be found attached to at least eight different melodies, including some which resemble English ballad tunes such as 'Grim King of the Ghosts' and 'Sweet Polly Oliver'. All but one were collected in North Wales, including the above example.

31. Y MWYA' GÂR FY NGHALON

LLGC (Llsgrau. Iolo Aneurin Williams, 145/11). Mae'r alaw a'r pennill cyntaf ar gael yno, wedi eu cofnodi gan Iolo Morganwg ei hun, ond heb unrhyw fanylion pellach. Codwyd y ddau bennill olaf o gerdd a welir yn PT; gyda newid mymryn arni.

Fel gyda bron y cyfan o'r alawon a gofnodwyd gan Iolo daw'r llinellau-bar ar ddiwedd y llinellau-pennill ac y mae'r rhythm braidd yn afreolaidd; ond gan iddo gynnwys y geiriau o dan y nodau cafodd y golygyddion beth cymorth ganddo! Sylwyd yn gynharach ar y ffaith bod ystod eang i nifer o'r caneuon yn ANAGM: mae ystod eang o ddeuddeg nodyn i gân Iolo hefyd — o'r un sir, wrth gwrs. Perthnasol yw sylwi yn ogystal bod ynddi gryn addurno trwy gyfrwng nodau camu a rhai llithrenni, er nad oes addurnodau ynddi.

THE ONE MY HEART LOVES MOST

NLW (Iolo A. Williams MS 145/11). Melody, verse and title come from one of Iolo Morganwg's manuscripts (see also No. 13). As with almost all of Iolo's tunes, the barline comes only at the end of the verse line and the rhythm is idiosyncratic. However when Iolo collected this song he noted the words as well as the music, which helped the editors to arrive at the above transcription. The title is a bit of a puzzle for it may belong to another song; the verse Iolo quotes does not contain the title words and is cynical rather than tender: 'If I have lost my sweetheart, it's my own business; I'll probably fall in love again and end up in the same sorry state.' Like many of the tunes in ANAGM from the same county, (see No.22) the compass of Iolo's song is an extended one; the tune is also heavily ornamented with passing-tones and some slurs, but there are no graces.

32. Y TWCA DU BACH

Codwyd gan Phyllis Kinney o ganu Owen Owen, y llawfeddyg adnabyddus, a ddaw yn wreiddiol o Eifionydd ond sy'n byw, ar hyn o bryd, ym Methesda. Fe'i canodd mewn ffug eisteddfod a gynhaliwyd ymysg nifer o aelodau Gorsedd y Beirdd a ymwelodd â Llydaw yn Awst 1984, hynny yn Raozhon ar nos Sul, Awst 21ain. Hir gofir ei berfformiad gwefreiddiol yn y gystadleuaeth 'unawd i ŵr â chetyn yn ei geg'.

Mae'n debyg iddo ofyn i Cynan un tro a ddigwyddai ef fod yn gwybod am gân i geiliog. Soniodd y bardd am bennill traddodiadol, a dadogwyd ganddo ar Fardd Nantglyn, yn

THE LITTLE BLACK KNIFE

The song was noted from the singing of a North Walian in an informal competitive gathering in 1984. The singer had many years previously asked the poet Cynan for a song about a cockerel. Cynan remembered a traditional stanza which contained a reference to the bird in question and later he added verses of his own, set to a scrap of tune. Since then the song has been passed on orally and never printed till now. The words describe an old poacher whose wealth is only a fighting cockerel, a dog and a little black knife; the dog hunts the rabbit, the knife skins it, and the fighting cock wins him many a pint of ale.

cynnwys cyfeiriad at y deryn clochdarddus hwnnw. Ymhen amser ychwanegodd Cynan rai penillion o'i eiddo'i hun a'u gosod ar bwt o alaw. Byth er hynny dysgwyd y gân ar lafar gan nifer o bobl ond ei phrif gyflwynydd yw'r baledwr a aeth ar goll ym mherson llawfeddyg.

Rhan yw'r alaw o'r gân grefyddol boblogaidd a adwaenir fel 'Mae popeth yn dda'. Fe'i cyfansoddwyd, ar gyfer geiriau Thomas Levi, gan Joseph Parry. Dwy frawddeg sydd iddi yn y cyd-destun hwn: brawddegau cyntaf ac olaf, i bob pwrpas, y gân wreiddiol.

The tune is a fragment of an old Sunday School song by the 19th century Welsh composer, Joseph Parry; and it is interesting to see that although both words and tune have come from known sources, they have up till now been passed on orally.

33. Y WASGOD GOCH

CG9/1986. Ceir manylion llawn am y gân hon, yn y rhifyn dan sylw, yn erthygl Robin Gwyndaf 'Robert Pierce Roberts a chân "Y Wasgod Goch"': cynnwys hefyd adysgrifiad gan Phyllis Kinney o'r holl amrywiadau rhythmig a melodig a gaed yng nghyflwyniad Robert Pierce Roberts o'r gân. Fe'i recordiwyd gan Robin Gwyndaf ym mis Tachwedd 1973 ond tua 1894 y clywodd y canwr hi'n cael ei chanu'r tro cyntaf a hynny gan ei dad, William Roberts, gŵr o Langernyw yn wreiddiol ond a aeth i fyw, ymhen amser, i fferm Borthwryd, Rhyd-y-foel, yn ardal Llanddulas. Yno y ganwyd Robert Pierce Roberts, ar Ionawr 28ain, 1889, ac yn y rhan honno o'r wlad y dysgodd lu o ganeuon gwerin sydd bellach, o drugaredd, wedi eu cadw ar dâp yn archifau Amgueddfa Werin Cymru.

Mewn rhan o'r sgwrs rhyngddo ef a Robin Gwyndaf dyry wybodaeth ddiddorol inni am y math o amgylchiadau y byddid yn canu'r gân bresennol, a'i thebyg, ynddynt. Canai ei dad hi, meddai:

> ...yn y tŷ ac ar y buarth os byddai yna rywun diarth yno, ryw weithiwrs yn y cynhaea, pan fyddai hi wedi dod yn wlyb, ne bally, ac isio mynd i mewn i fochal... mynd i stabal i mochal. Mi gana 'nhad yr hen 'Wasgod Goch' i godi dipyn o hwyl. Clywish o'n 'i chanu hi ar y cae i ddau neu dri o rai oedd yn gweithio hefo fo yn torri ŷd. Wedi stopio i hogi, a rywbath felly.

Ac wedi iddo yntau ddod yn llanc a gŵr ifanc canai Robert Pierce Roberts hi mewn cyngherddau capel ac, ar brydiau, mewn tafarnau. Ond ei hoff fan canu, mae'n debyg, oedd ar aelwyd cyfeillion a chymdogion.

Yn ei ysgrif cawn fod Robin Gwyndaf yn

THE RED WAISTCOAT

Transcribed from Tape 4068-4075 in the Welsh Folk Museum. The singer R.P. Roberts, who was born in 1889, first heard the song being sung by his father about the year 1894. The father would sing it, he said, in the house or in the farmyard if it started to rain and the workers went into the stable for shelter; he would sing it for a bit of fun and also when they stopped to sharpen their sickles during the harvest. The son in his turn often sang the song, which was his favourite, in somewhat different surroundings: chapel concerts, in taverns occasionally, and best of all the homes of his friends and neighbours. R.P. Roberts came from a family which knew and sang many of the old songs. In particular his grandfather, Isaac Jones, born in 1829 was a rich source of 18th century material; he knew by heart songs and much of the dialogue of some of the *anterliwtiau* (Welsh morality plays). There were many opportunities to hear this repertoire, for the old man survived until the grandson was in his 20s. It was said that Isaac Jones had a sweet gentle voice, a gift possessed also by the grandson whose voice was clear, sweet and strong, even in his 80s when the WFM recorded the above song. The performance of the song is Welsh folksinging at its very best: the tone quality is strong, yet sweet, the diction is immaculate, and the musical phrasing is rhythmically free with plenty of melodic variation in the various verses. For a record of the variations in rhythm and melody, see the notation of the song as it appears in CG9:44-45. The version given here has attempted to give a melodically consistent version with a degree of rhythmic freedom. But anything set down in black and white is but a pale shadow of the song which R.P. Roberts sang so affectingly on the tape. The words go back at least to the 18th

esbonio rhai geiriau ac ymadroddion o'r gerdd a phurion a fyddai i ninnau fanteisio ar hynny yma:

'het garlein': benthyciad o'r Saesneg 'Caroline Hat' sef het a oedd yn ffasiynol yn Lloegr yng nghyfnod y Siarliaid ond na ddaeth yn boblogaidd yng Nghymru, mae'n debyg, hyd ddiwedd y ddeunawfed ganrif.

'ffon o gollen': 'ffonwen' oedd yr enw mewn ambell ardal am frigyn o gollen, wedi ei dirisglo fel arfer, a anfonid at garwr gwrthodedig. Yma, wrth gwrs, un y mae'n rhaid cefnu arno yw'r carwr oherwydd angau — ffigurol, efallai.

'(g)wlân crydeddig': ffurf dafodieithol ar 'cyfrodeddedig'; ansoddair yn disgrifio rhywbeth wedi ei blethu ynghyd.

'saethau'r Ciwbig': saethau y duw cariad Ciwpid.

Roedd Robert Pierce Roberts yn ganwr rhyfeddol o felys, clir ei ynganiad a rhwydd ei frawddegu, ac yn amrywio cryn dipyn ar yr alaw sylfaenol o bennill i bennill. Yma bu'n rhaid ceisio cyflwyno ffurf weddol gyson gydag awgrymu gradd o rwyddineb rhythmig ond cysgod gwan yw hyn o'r gân fel y cenid hi gan y gŵr mwynlais o Landdulas.

Mae'r alaw, sy'n y modd re, yn nodweddiadol Gymreig: y penillion yn dilyn mydr traddodiadol, gyda byrdwn yn cynnwys sillafau diystyr; amlygrwydd i bumed y raddfa, yn arbennig yn y frawddeg gyntaf a'r drydedd; ac ystod y nodau yn gyffredinol gyfyng, hyd at y ddiweddeb derfynol lle y disgynnir i'r tonydd isaf. Ond efallai mai nodwedd mwyaf trawiadol y canu yw'r coda yng nghynffon y pennill olaf sy'n ymestyn yr ystod i unarddeg o nodau.

Ceir ffurf arall ar y penillion yn CCAGC I:74 ond bob yn gwpled y cenir y rheiny a hynny ar alaw hollol wahanol i'r un a gyflwynir yma (ibid. 73). Cofnodwyd honno yn Ynys Môn. Dylid sylwi bod ad-drefnu wedi bod ar y penillion yma: fel y cenid nhw gan Robert Pierce Roberts cynhwysai un pennill dri chwpled a phennill arall un cwpled. Er mwyn gwneud y penillion i gyd yn benillion dau gwpled benthyciwyd oddi wrth y naill ac ychwanegwyd at y llall.

century. In a kind of waking dream the lover sees his sweetheart sending him a suit, with a red waistcoat made from a breaking heart and buttons of salt tears, which he is to wear at her burial. The dorian/re mode tune has a number of Welsh characteristics: the verses are in quatrains of trochaic tetrameter (more or less), followed by a burden of nonsense syllables; and the melody has a strong emphasis on the 5th in the first and third phrases. The compass is generally narrow until the final cadence which descends to the lower tonic. But perhaps the most striking feature is the short coda which concludes the song, extending the range to 11 notes and giving an almost rhapsodic feeling to the close. The editors have not seen the above tune in any other collections but an Anglesey informant sang the words to another tune (see JWFSS I:73-4) which divided the verses into couplets followed by a nonsense burden.

34. YN Y MÔR

Cafwyd yr alaw, ynghyd ag un pennill, oddi wrth R.M. Williams, yn wreiddiol o Fethesda. Pan yn fachgen yno, yn ugeiniau'r ganrif hon,

IN THE SEA

The tune and one verse of the words were noted from the singing of a native of North Wales. He had learned it in the 1920s from his father who

clywodd ei dad, Ap Eos y Berth (y canodd R. Williams Parry delyneg iddo dan y pennawd 'Yr Hen Delynor' — gw. 'Cerddi'r Gaeaf'), yn canu hon droeon i gyfeiliant ei delyn, a dysgodd yntau, y mab, ei chanu. Arferai'r tad ganu'r gerdd gyfan. Cyhoeddwyd y geiriau gan J. Lloyd Williams yn CCAGC III:47-8. Awdur y rheiny oedd Rowland E. Roberts, Dorlan Goch, Clwt y Bont, wedyn o Lanberis. Pennill 6 oedd yr un a ganwyd gan R.M. Williams (a oedd, ar y pryd, yn weinidog gyda'r Methodistiaid Calfinaidd yn Lerpwl) ond argreffir y gerdd yn ei chyfanrwydd yma. Ymddengys y cenid y gerdd yn gyson yng nghyfarfodydd Cymdeithas Dafydd ap Gwilym, Rhydychen, yn ystod chwarter olaf y ganrif ddiwethaf.

Mydr 'Mentra Gwen' sydd i'r gerdd ac y mae'r alaw, sydd yn y modd mwyaf, yn perthyn o bell i Rif 12.

sang it to his own accompaniment on the harp. The words to the song, a humorous ballad describing the marvels to be found in the sea, including watches which no longer work, barrels of beer and brandy and fish that inhabit sunken palaces but pay no rent, not even the Poor Tax, have been printed in JWFSS III:47-8, but with a different tune. The song was understandably popular with students and was frequently sung at meetings of the Oxford Welsh Society during the last quarter of the 19th century. The metre is that of the 'Mentra Gwen' verses and the major mode tune is a distant relative of No. 12.

35. YR HEN FYHARAN

CCAGC II:190. Casglwyd gan J. Lloyd Williams o ganu Robert Jones ('Dwyfor') a'i dysgodd yn Llanystumdwy. Y ddau bennill cyntaf yn unig a ganwyd ganddo; cyhoeddwyd y trydydd yn RWB. Cafwyd y tri phennill olaf oddi wrth Eirlys Jones, Bryn Siriol, Gellifor, Rhuthun, mewn llythyr dyddiedig Hydref 8fed, 1986.

Ei henw hi ar y penillion hyn yw 'Y Glecwraig' ac fe'i dysgodd o glywed ei hewythr, Dafydd Morgan Jones, yn eu canu; ar amrywiad o'r alaw a geir yma. 'Roedd yn ei chanu', meddai, 'pan oedd sôn am lancia yn priodi. Ei chanu fel sgit i'w herian. Trueni mawr. Mi fydda'n canu rhagor o bytie, ond mam yn ei rwystro, am nad oedd yn ei chyfri yn barchus i ni blant eu clywed'. Brawd i T. Gwynn Jones oedd Dafydd Morgan Jones (a fabwysiadodd y 'Morgan' oherwydd cysylltiad teuluol â'r Esgob William Morgan), a brawd, hefyd, i fam Eirlys Jones. Wedi i'w rieni farw ymgartrefodd â'i chwaer ym Mryn Glas, Cwm Dyserth. Fe'i ganwyd ef ar Fai 5ed, 1874, a bu farw yng Nghwm Dyserth ar Dachwedd 20fed, 1960.

Mae perthynas rhwng yr alaw a'r alaw a gyhoeddwyd yng nghyfrol Bardd y Brenin, a pherthyn honno yn rhannol, yn ei thro, i alaw driban arall, 'Diofal yw'r aderyn' (CCAGC III:208). Mae perthynas bosibl, bellach, rhwng y ddwy olaf a nodwyd a'r gân Seisnig 'A Health to Betty' (*The Dancing Master*, 1651) a diddorol

THE OLD RAM

JWFSS II:190. In his note to the song in JWFSS, J. Lloyd Williams makes it clear that this was one of many to which disconnected stanzas were sung, in this case humorous or satirical. The metre is the *triban* with a short added line at the end, unrhymed, which gives point to the verse. The first two stanzas are printed in the Journal, the third is taken from RWB, and the last three occur in a letter received from a correspondent in North Wales in 1986. She called these verses by the title of 'Y Glecwraig' (The gossiping woman) and learned them from her bachelor uncle who had been born in 1874. He would sing them, on a variant of the tune given above, to taunt the young men when there was talk of one of them getting married. He had more verses which he would have sung but his sister stopped him because she felt they were not suitable for children to hear. The 'Old ram' tune is related to the RWB tune, which is in its turn related, at least in its first half, to another *triban* tune: 'Diofal yw'r aderyn' (JWFSS III:208). There is a possible affinity between the latter two and 'A Health to Betty' (*The Dancing Master*, 1651) and it is interesting to note that the only English verse which fits the *Dancing Master* tune without adjustment is in *triban* metre, though without the Welsh rhyme scheme. See *The British Broadside Ballad and Its Music*, Claude M. Simpson, (Rutgers University Press, New Brunswick, New Jersey 1966, pp.298-9).

yw sylwi bod un ffurf ar bennill Cymraeg yn digwydd gorffwys, heb angen addasiad o unrhyw fath, ar alaw *The Dancing Master*, sef ffurf gyffredinol y triban; a gadael heibio ddull yr odli. Gweler ymhellach *The British Broadside Ballad and its Music*, Claude M. Simpson (Rutgers University Press, New Brunswick, New Jersey, 1966, tt.298-9).

36. YR HEN ŴR MWYN

Cofnodwyd gan Phyllis Kinney o ganu Daniel Huws, Ceidwad Adran Llawysgrifau, Llyfrgell Genedlaethol Cymru, yn Hydref 1984. Dysgodd ef hi oddi wrth ei dad, Richard Ll. Huws, a anwyd ym Mhensarn, Môn, gyda'i deulu ar y ddwy ochr yn hanu o'r ynys.

Mae tri phennill olaf y gân holi-ac-ateb i'w cael bron ymhob ffurf arni (gweler CCAGC I:81,82,84; III:26; V:18 ac UNAC 1964:8). Ceir ffurf ddrylliog arnynt yn ogystal mewn fersiwn Americanaidd o'r enw 'My good old man', a ddisgrifir gan Alan Lomax fel 'A comic courting song that travelled from the Welsh countryside and took root again in the Kentucky mountains, where we found it in a coal-mining camp...' *The Penguin Book of American Folk Songs*, (Penguin Books, England 1964). Tra gellid disgrifio'r amrywiadau Cymraeg fel rhai digrif nid ydynt yn ganeuon serch o unrhyw fath; na doniol na fel arall. Mae sylw J. Lloyd Williams yn CCAGC I:82 yn berthnasol yma:

> The first part is given very slowly and with much mock pathos, and the pace is greatly varied in different parts. The much-pitied old man, however, answers in a rollickingly light-hearted fashion, even when he speaks of his own death and the disposal of his body.
> That the idea must be a very old one is shown by the fact that many neighbourhoods have their own local versions, where the melodies are often totally different, and there is also a great deal of variation in the questions and answers. In all the examples hitherto collected, the last two questions and answers are the same.

Cenir y cwestiynau a'r atebion ym mhob un o amrywiadau'r Cylchgrawn, a dyna a wneir yn yr amrywiad hwn hefyd. Yn achos yr amrywiad a welir yn UNAC (cofnodwyd yn Ynys Môn),

THE GENTLE OLD MAN

An Anglesey version of an interesting old Welsh folksong noted in 1984 from the singing of Daniel Huws, Keeper of Manuscripts at NLW, who had learned it from his father. The last three verses of this question-and-answer song which ask the old man what will happen when he dies, where he wants to be buried, and what he will do after burial are found in almost every version (see JWFSS I:81, 82, 84; III:26; V:18 and UNAC 1964:8) and in fragmentary form in an American version called 'My good old man' which Alan Lomax describes as 'A comic courting song that travelled from the Welsh countryside and took root again in the Kentucky mountains, where we found it in a coal-mining camp...' *The Penguin Book of American Folk Songs*, (Penguin Books, England 1964). Though the Welsh versions are humorous, they do not appear to be courtship songs, comic or otherwise. J. Lloyd Williams' note in JWFSS I:82 is pertinent:

> "The first part is given very slowly and with much mock pathos, and the pace is greatly varied in different parts. The much-pitied old man, however, answers in a rollickingly light-hearted fashion, even when he speaks of his own death and the disposal of his body.
> That the idea must be a very old one is shown by the fact that many neighbourhoods have their own local versions, where the melodies are often totally different, and there is also a great deal of variation in the questions and answers. In all the examples hitherto collected, the last two questions and answers are the same."

In all the Journal versions as well as the one in this volume both questions and answers are sung, but the UNAC variant collected in Anglesey has a response sung to nonsense syllables, followed by a spoken answer. The words are closer to the American version than

mae'r atebiad yn ddieithriad mewn dwy ran: rhes o sillafau diystyr, a genir; a brawddeg fer, a siaredir. Ceir ateb a leferir yn y ffurf Americanaidd hithau ac y mae geiriau y gân o Fôn yn nes at y ffurf honno nag unrhyw un o'r amrywiadau Cymraeg eraill. Perthyn nodweddion hynafol i'r mwyafrif o alawon 'Yr hen ŵr mwyn': gydag un eithriad maent i gyd o fewn ystod gymharol gul o saith nodyn, a dwy ohonynt, yn wir, yn bentacordaidd; egyr tair ohonynt yn ddatganiadol a cheir un sy'n gylchynol ei ffurf.

the others and the spoken answer is also echoed in the American set. Many of the 'Hen Ŵr Mwyn' tunes have characteristics that may be considered archaic: all but one are in a more or less narrow compass of not more than seven notes and two are actually pentachordal; three have a declamatory opening; one is circular.

37. YR HOSAN LAS

Anfonwyd y gân hon, ar gasét, i'r golygyddion, gan D. Morris Lewis, Llandyfriog, Castellnewydd Emlyn. Fe'i dysgodd ef hi o ganu ei dad-yng-nghyfraith, James Davies, brodor o Drefach-Felindre, a anwyd yn 1888 ac a fu farw yn 1968. Ond daethai ei hynafiaid, o'r ddwy ochr mae'n debyg, o Sir Benfro ac y mae hynny'n arwyddocaol o safbwynt y gân fach hon, gan mai oddi yno hefyd y daeth yr unig amrywiad ar y geiriau y gwyddom ni amdanynt ar hyn o bryd. Cafwyd y rheiny gan D. Roy Saer, Amgueddfa Werin Cymru, a dywed ef iddo dderbyn y pennill a'r cytgan canlynol oddi wrth wraig a ddeuai'n wreiddiol o Gwm Gawun:

Mae 'nghariad fach i leni
Yn gwishgo'i hosan las
A'i chwrlins bach hi'n dangos
Pan bod hi'n rhodio mas.
Mae llawer am ei charu —
Dw i'n nabod dou neu dri —
Ond beth sy ar y ffwlied/rheini
Am garu 'nghariad i?

Cytgan:
  Ond cared pwy a garo,
  Fe cadwa' i ddi dro;
  Myfi sy'n cario'r allwe
  Sy'n ffito twll y clo.

Yn anffodus ni chysylltwyd alaw â'r pennill hwn ond gan mai alaw ar gyfer canu cwpledi yw alaw D. Morris Lewis gellid yn briodol ddigon ei defnyddio i ganu y geiriau uchod bob yn gwpled o'r dechrau i'r diwedd.

Mae perthynas rhwng yr alaw hon ag alaw 'Cân Dyffryn Cletwr Fach': CGn.

THE GREY STOCKING

Noted from the singing, on cassette, of a Southwest Wales man; he learned it from his father-in-law who had been born in 1888. The song must have been popular in the area, for a variant of the tune appears in a book of songs collected in that neighbourhood (CGn) together with other words; and a variant of the words was collected nearby but with no details as to tune. In the song the lover describes his sweetheart this year who is wearing a grey stocking; she is courted by many, but they are silly fools for his is the key that has been in the lock a hundred times.

The melody has one unusual characteristic: it has a declamatory phrase which occurs in the middle instead of at the opening.

38. YR WYDDOR-GÂN

LLGC (J. Lloyd Williams 124). Fe'i dysgwyd gan Arthur C. Jones pan oedd yn fachgen yn Llanuwchllyn, a'i nodi mewn solffa gan Llywelyn Lloyd ar Chwefror 11eg, 1907. Rhywsut neu'i gilydd daeth i law Llew Tegid, gyda geiriau yn gysylltiedig â hi wedi eu codi o lawysgrif a dderbyniodd A.C. Jones oddi wrth rywun yn ei hen ardal (roedd ef, erbyn hynny, yn byw ym Manceinion). Yn ystod y saithdegau cynnar cafodd golygyddion y gyfrol hon fersiwn o'r geiriau, eto o Lanuwchllyn, ond gyda rhai mân gyfnewidiau ynddynt — ymgais at barchuso peth fe ymddengys, ar y geiriau y gwyddai A.C. Jones amdanynt.

Ceir geiriau cyffelyb yn CGn dan y pennawd '"A" sydd am "Angor"' (i'w canu ar alaw 'Twll bach y clo') ac yn yr un gyfrol hefyd mae cân o'r enw 'Y Wyddor Gymraeg', gyda'r alaw wedi ei llunio i ganu'r wyddor fel cytgan ar ddiwedd pob pennill.

Yn y modd la y mae'r alaw bresennol a pherthyn i deulu eithaf eang, sy'n cynnwys ambell gân Seisnig. Gweler, ymhellach, nodyn yn *Canu'r Cymry I* ar 'Cerdd y gog lwydlas', t.63.

THE ALPHABET SONG

The tune, which is taken from NLW (J. Lloyd Williams MS 124) was noted in 1907 in Tonic Sol-fa from the singing of a Northwalian who had learned it as a boy in Llanuwchllyn, Merionethshire. Another version of the tune appears in the above manuscript, noted from the same county. Sometime in the 1970s a variant of the words was sent to the present editors from Llanuwchllyn; there were only a few differences, notably the deletion of one or two less respectable words. Two alphabet songs were published in the 1970s from Cardiganshire in South Wales (CGn) but neither is related in either words or tune to the one in this volume. The tune of the above example is an aeolian/la mode version of a song popular in England as 'The cobbler'. It was at least as popular in Wales for there are several variants of the tune to a variety of Welsh verses (see *Canu'r Cymry I:* the note to 'The Song of the Blue-Grey Cuckoo':63).

39. YR WYLAN GEFNDDU

CCAGC III:127. Mewn nodyn yn y Cylchgrawn dywedir gan J. Lloyd Williams iddo godi'r gân o ganu 'Miss A. Jones, Cricieth, who had learnt it from "Lowri Tŷ Bach"', ac un pennill yn unig a argraffwyd ganddo yno.

Ymhlith ei bapurau, fodd bynnag, mae dalen ar gael yn cynnwys rhagor o benillion: gweler LLGC (J. Lloyd Williams 144). Ond maent braidd yn aflêr a dwy linell yn ddisynnwyr hollol. Penderfynwyd diwygio cryn dipyn arnynt (mae'n amlwg i'r golygydd ei hun wneud hynny gyda'r geiriau a gyhoeddodd) a thrin rhan olaf y pennill cyntaf fel math ar gytgan ar gyfer penillion wythllinell. Dyma un ffordd hwylus o drefnu'r geiriau fel ag i ddilyn patrwm yr hyn a argraffwyd gan J. Lloyd Williams, ond cofier mai dyna ydyw — 'creadigaeth' ac nid cofnod llafar. Mae'r alaw yn y modd re.

THE BLACK-BACKED GULL

JWFSS III:127. J. Lloyd Williams noted this fishing-song from his sister-in-law who, together with his wife, was a source of many traditional songs which were printed in the Journal. It was published with only one verse of words, but among his papers in NLW there is a sheet which gives many more lines but in no orderly form which could be used for singing. It was decided that in order to have more than a single verse, the added lines would have to be shaped into tidy stanzas (and not for the first time; the words that were published when the song first appeared in the Journal had obviously been rearranged by the editor). This compromise was accepted for this volume which is intended as a means of re-circulating traditional material among Welsh singers. For any others who want to see the words in their original form, they are in NLW (J. Lloyd Williams MS 144).

It is clear from the lines of verse that remain that this dorian/re mode song was a conversation between a fisherman and a black-backed gull. In the first verse he asks her to tell him if on her

journeys between Bardsey Island and Ireland she has seen any fishing around the Isle of Man. In the second verse she tells him where she has seen a shoal of herring and says she will get her payment from the herring left over from his catch. There are undoubtedly verses missing, for the 3rd and 4th verses are sung by the fisherman, describing his life and noting the fact that it is he who has written these verses.

BYRFODDAU/ABBREVIATIONS

AfNg	*Alawon fy Ngwlad*, gol./ed. N. Bennett and D. Emlyn Evans (Phillips & Son, Newtown, 1896).
ANAGM	*Ancient National Airs of Gwent and Morganwg*, Maria Jane Williams (William Rees, Llandovery/London, 1844).
CCAGC	Cylchgrawn Cymdeithas Alawon Gwerin Cymru.
CG	Canu Gwerin: Cylchgrawn Cymdeithas Alawon Gwerin Cymru.
CGn	*Caneuon Gwynionydd*, Nansi Martin (Llandysul, 1973).
CLlG	Caneuon Llafar Gwlad, gol. D. Roy Saer (Amgueddfa Werin Cymru, 1974).
CTC	*Caneuon Traddodiadol y Cymry*, I/II, gol./ed. W.S. Gwynn Williams (Llangollen, 1961/1963).
FWTT	*Forty Welsh Traditional Tunes* (Oxford University Press, London, 1931).
H	*Yr Hwiangerddi*, casg. O.M. Edwards (Llanuwchllyn, 1911).
HB	*Hen Benillion*, gol. T.H. Parry-Williams (Gwasg Aberystwyth, 1940).
JWFSS	*Journal of the Welsh Folk-Song Society*
Llsgr.AWC	*Llawysgrif Amgueddfa Werin Cymru*
Llsgr.LLGC	*Llawysgrif Llyfrgell Genedlaethol Cymru*
M-SC	*Melus-Seiniau Cymru* (Llsgr/MS LLGC/NLW 1940).
NLW	National Library of Wales.
PT	*Penillion Telyn*, W. Jenkyn Thomas (Caernarfon, 1894).
RWB	*Musical and Poetical Relicks of the Welsh Bards*, Edward Jones (London, 1794).
UNAC	*Undeb Noddwyr Alawon Cymru* (Evans a Short Cyf., Argraffwyr, Tonypandy).